Umbanda Sagrada

Religião, Ciência, Magia e Mistérios

Rubens Saraceni

Umbanda Sagrada

Religião, Ciência, Magia e Mistérios

MADRAS

© 2023, Madras Editora Ltda.

Editor:
Wagner Veneziani Costa (*in memoriam*)

Produção e Capa:
Equipe Técnica Madras

Ilustração da Capa:
Parvati

Revisão:
Bel Ribeiro
Sandra Garcia

Dados Internacionais de Catalogação na Publicação (CIP)
(Câmara Brasileira do Livro, SP, Brasil)

Saraceni, Rubens
 Umbanda sagrada: religião, ciência, magia e
mistérios/Rubens Saraceni. – 10 ed. –
São Paulo: Madras, 2023.

ISBN 978-85-370-0423-4

1. Umbanda (Culto) I. Título.
08-10265   CDD-299.60981

Índices para catálogo sistemático:
1. Umbanda : Religiões afro-brasileiras 299.60981

Proibida a reprodução total ou parcial desta obra, de qualquer forma ou por qualquer meio eletrônico, mecânico, inclusive por meio de processos xerográficos, incluindo ainda o uso da internet, sem a permissão expressa da Madras Editora, na pessoa de seu editor (Lei nº 9.610, de 19/2/1998).

Todos os direitos desta edição reservados pela

MADRAS EDITORA LTDA.
Rua Paulo Gonçalves, 88 – Santana
CEP: 02403-020 – São Paulo/SP
Tel.: (11) 2281-5555 – (11) 98128-7777
www.madras.com.br

Com os espíritos mais evoluídos aprenderemos!
Aos espíritos menos evoluídos ensinaremos.
E a nenhum espírito renegaremos.

Mensagem dada através do saudoso médium
Zélio Fernandino de Morais *pelo Senhor Caboclo das*
Sete Encruzilhadas, o espírito fundador da Umbanda.

Metre Omolubá,
Irmão de Fé, Amigo e Mestre Insigne, receba esta
dedicatória como prova de estima e admiração pela sua pessoa
e pelo seu magnífico trabalho em
benefício da Umbanda e de todos nós, os Umbandistas!

Apresentação

Irmãos em Oxalá, saudações!

Eis que temos a satisfação de colocar à vossa disposição a nova edição do livro "Umbanda Sagrada: Religião, Ciência, Magia e Mistérios".

Na sua primeira edição ele era um pouco diferente, pois era só uma coletânea de comentários, não revisados e juntados de forma aleatória para sua publicação.

Agora, revisado e ampliado, pois adicionamos mais comentários e revisamos os antigos. Cremos que ele se tornou um verdadeiro manual para os leitores umbandistas e uma fonte de informações para os leitores não umbandistas.

Os seus comentários são descontraídos e de fácil apreensão, não exigindo dos leitores uma "iniciação" para entendê-lo.

Acreditamos que ele se somará aos livros de outros autores umbandistas e será útil às pessoas que quiserem conhecer um pouco dos universos divino e espiritual desta religião.

Nesta nova edição acrescentamos comentários sobre as linhas de trabalhos espirituais de Umbanda Sagrada, pois isso nos pareceu necessário para um melhor entendimento dos fundamentos da Umbanda.

Tenham uma boa leitura.

Rubens Saraceni

Índice

Umbanda 11
O Ritual de Umbanda e os Antigos Cultos
às Forças Regentes da Natureza 18
Os Santuários Naturais 28
Os Orixás e a Natureza 30
O Dom Ancestral Místico – A Importância de
se Encontrar o Dom nas Manifestações Espirituais 34
Olorum – Deus – O Criador de Tudo e de Todos 42
    Conhecimento 46
    Sabedoria 47
    Razão 47
    Equilíbrio 47
    Vida 48
    Fé 49
    Amor 49
Os Pontos de Força de Natureza 51
Oxalá – A Fé – A Luz que Equilibra a Humanidade 53
Iemanjá – A Vida – A Guardiã do Ponto
de Força da Natureza, o Mar 56
Ogum – A Lei – O Equilíbrio entre a Luz e as Trevas 63
Oxóssi – O Conhecimento – O Guardião do Ponto de
Força da Natureza Vegetal 68
Xangô – A Justiça – O Equilíbrio
da Justiça no Ritual de Umbanda 73
Iansã – A Lei em Ação – O Orixá que
Faz do Tempo seu Campo de Atuação 78

Omolu – A Terra Geradora da Vida 82
Oxum – O Amor Divino – A Guardiã
do Ponto de Força Mineral da Natureza... 87
Nanã Buruquê – A Razão e a Sabedoria –
A Guardiã dos Lagos e Águas Calmas dos Estuários.................... 91
Erês ou Ibejis – A Pureza e a Renovação
da Vida – Os Guardiães dos Reinos Elementares 94
Exu – O Guardião do Ponto de Força das Trevas 97
As Sete Linhas de Umbanda 106
    1ª Parte... 106
    2ª Parte... 111
    3ª Parte... 117
    4ª Parte... 121
O Simbolismo na Umbanda... 125
Os Pontos Riscados na Umbanda... 128
Os Guias de Lei de Umbanda 133
As Entidades que Atuam nas Linhas de Força
do Ritual de Umbanda – Através do Dom Ancestral
Místico de Incorporação Oracular.. 135
Mistérios: O que São e Como Atuam em Nossa Vida 140
    Escala Magnética da irradiação de Ogum
    na tela plana geral dos tronos.. 145
Como Surgiram as Linhas de Trabalho do
Ritual de Umbanda Sagrada.. 150
O Mistério Caboclo... 156
O Mistério Exu 161
O Mistério da Pombagira 172
Exus na Umbanda – Um Mistério de Deus
e Um dos Fatores Divinos 179
Os "Baianos" na Umbanda... 188
A Linha dos Ciganos na Umbanda 190
As Pedras Mágicas do Ritual de Umbanda 191
A Linha Espiritual dos Caboclos Boiadeiros 195
A Linha das Sereias 197
A Linha dos "Marinheiros".. 199

Umbanda

A Umbanda precisa ser explicada porque, por ser uma religião nova e ainda em formação, é mal explicada e mal compreendida pelos nossos irmãos das outras religiões.

Sabemos que parte desta nossa dificuldade reside no fato de existir várias correntes de pensamento doutrinário e heranças religiosas herdadas pela Umbanda e adaptadas à nossa cultura tipicamente cristã, cujos valores religiosos estão arraigados no inconsciente religioso coletivo dos brasileiros.

Mas neste mesmo inconsciente religioso coletivo estão presentes os valores religiosos do povo nativo que aqui já vivia há milhares de anos, assim como estão presentes valores religiosos antiquíssimos dos povos africanos que para cá foram trazidos desde o início do século XVII.

Os valores religiosos dessas duas culturas multimilenares e mais antigas no próprio cristianismo são vistos por muitos como folclore ou manifestações tardias de paganismo. Mas a verdade é outra, pois essas duas culturas religiosas foram perseguidas e sufocadas até recentemente pela cultura religiosa Católica Apostólica Romana e, agora mesmo, a Umbanda sofre uma perseguição implacável de algumas seitas evangélicas que, não satisfeitas em pregar suas doutrinas, se acham no direito de vilipendiar os nossos ritos e ícones religiosos e nossas práticas espirituais, tachando-as de manifestações demoníacas e pagãs, num desrespeito incomum para com milhões de pessoas que têm na Umbanda a sua religião, porque encontraram nela as condições e os valores religiosos com os quais se identificam naturalmente, sem imposições e sem precondições para que isso acontecesse.

Ressalto mais uma vez que, se a Umbanda é uma religião nova, seus valores religiosos fundamentais são ancestrais e foram herdados de culturas religiosas anteriores ao cristianismo.

Então, com isso explicado e entendido, e exigindo respeito pela Umbanda e por seus ritos e práticas espirituais, é possível abordá-la e explicá-la aos irmãos com outras formações religiosas.

Em nossa exposição sobre a Umbanda, salientamos que ela tem na sua base de formação os cultos afro, os cultos nativos, a doutrina espírita kardecista, a religião católica e um pouco da religião oriental (budismo e hinduísmo) e também da magia, pois é uma religião magística por excelência, fato este que a distingue e a honra, porque dentro dos seus templos a magia negativa é combatida e anulada pelos espíritos que neles se manifestam incorporando nos seus médiuns.

Dos elementos formadores das bases da Umbanda surgiram as suas correntes religiosas às quais interpretamos assim:

1ª Corrente:

Formada pelos espíritos nativos que aqui viviam antes da chegada dos estrangeiros conquistadores.

Esses espíritos já conheciam o fenômeno da mediunidade de incorporação, pois o xamanismo multimilenar já era praticado pelos seus pajés e em suas cerimônias. A possessão espiritual acontecia naturalmente, e eles também acreditam na continuidade da vida após o desencarne. Eles já acreditavam na imortalidade do espírito e na existência do mundo sobrenatural, assim como na capacidade dos "mortos" interferirem na vida dos encarnados.

Se eles não tinham esta crença tão elaborada como o espiritismo tem sobre o espírito, os índios nativos já acreditavam neles há milênios, e também acreditavam na existência de divindades, todas elas associadas a aspectos da natureza e da criação divina.

Eles acreditavam nas divindades e, ainda que não da forma mais bem elaborada dos cultos afros puros ou do cristianismo, que crê em Deus e na existência dos seus anjos, arcanjos, serafins, querubins, potestades etc. No entanto tinham um panteão ao qual temiam, respeitavam e recorriam sempre que se sentiam ameaçados pela natureza, pelos inimigos ou pelo mundo sobrenatural.

Também acreditavam na existência de espíritos malignos e de demônios infernais sem a elaboração da religião cristã que aqui se estabelecera.

2ª Corrente:

Os cultos de nação africanos, sem contato anterior com os nativos brasileiros, tinham estas mesmas crenças, só que em alguns deles elas eram mais elaboradas e muito bem definidas. Inclusive, seus sacerdotes tinham uma gama de rituais e magias para equilibrar as influências do mundo sobrenatural sobre o mundo terreno e recorriam a elas para devolver o equilíbrio às pessoas.

Os africanos trazidos para o Brasil acreditavam na imortalidade dos espíritos e no poder deles sobre os encarnados, chegando mesmo a criarem um culto voltado para eles (vide o culto de egungun dos povos nigerianos).

Também cultuavam os seus ancestrais através de ritos elaboradíssimos e que perduram até hoje, pois são um dos pilares de suas crenças religiosas.

Saibam que o culto, o respeito e a reverência aos ancestrais são muito anteriores ao advento do cristianismo e, se os estudarmos com profundidade, os encontraremos em todas as antigas religiões, mesmo nas que já desapareceram, tais como: religião grega com seus heróis divinizados; religião romana com seus espíritos lares; religião egípcia com a conservação dos corpos dos seus mortos; religião primitiva chinesa com o culto e alimentação dos espíritos pelos seus descendentes encarnados etc.

Os cultos africanos puros eram bem definidos, e as suas transmissões orais elaboradas na forma de lendas, transmitidas oralmente de pai para filho, preservavam um conhecimento muito antigo em que, em muitas lendas, são relatadas a criação do mundo, a criação dos homens e até fazem menção a eventos análogos ao dilúvio bíblico. Basta estudá-las com isenção, sem rancor e sem preconceito. Este fato nos faz refletir sobre eventos que afetaram todo o planeta e que foram preservados por meio de transmissões orais de geração para geração, sendo que cada povo os preservou segundo a sua visão e sua forma de relatá-los.

Também devemos salientar que a Umbanda herdou dos cultos de nação afro o seu vasto panteão divino e tem no culto às divindades de Deus um dos fundamentos religiosos. Só que não interpreta este panteão como formado por anjos, mas sim por Orixás, os senhores do alto ou do ori (da cabeça) dos seus filhos. E desenvolveu rituais próprios de religamento do encarnado com sua divindade regente, pois crê na existência dos protetores divinos, tal como os cristãos creem na existência de um anjo da guarda para cada pessoa.

Devemos salientar que o fenômeno da incorporação espiritual é conhecido e praticado desde eras remotas em solo africano por todos os povos e culturas que para cá vieram, e até já tinham rituais elaboradíssimos de religação do encarnado com seu regente ancestral divino (com seu Orixá).

Num tempo em que a "incorporação" cristã (a manifestação do espírito santo) ou posteriormente a codificação espírita da mediunidade por Kardec ainda não existiam, os nossos ancestrais africanos já incorporavam e curavam pessoas num processo mediúnico muito bem elaborado.

O panteão divino dos cultos afro era pontificado por um Ser Supremo e povoado por divindades que eram os executores Dele junto aos seres humanos, assim como eram Seus auxiliares divinos que O ajudaram na concretização do mundo material, demonstrando-nos que, de forma simples, tinham uma noção exata, ainda que limitada por fatores culturais, de como se mostra Deus e Seu universo divino.

3ª Corrente:

Formada pelos que estudaram os livros doutrinários kardecistas, mas, quando iam incorporar seus guias espirituais, neles se manifestavam espíritos de índios, de ex-escravos negros, de orientais etc.

Então criaram uma corrente denominada de "Umbanda Branca", bem aos moldes espíritas, mas na qual aceitam a manifestação de "caboclos" (os índios), de Pretos-Velhos (os negros), de crianças (os seres encantados da natureza).

Esta corrente pode ser descrita como um meio-termo entre o espiritismo e os cultos nativos e afro, pois se fundamenta na doutrina cristã, mas cultua valores religiosos herdados tanto dos primeiros quanto dos segundos.

- Ela não abre seus cultos com cantos e atabaques, mas sim com orações a Jesus Cristo.
- Quanto às suas sessões, elas são mais próximas das kardecistas que das umbandistas genuínas, em que os cantos, as palmas e os atabaques são indispensáveis.

Seus membros são um tanto reservados ao se identificar, pois se dizem "Espíritas de Umbanda".

4ª Corrente:

A magia!

A magia é comum a toda a humanidade e as pessoas recorrem a ela sempre que se sentem ameaçadas por fatores desconhecidos ou pelo mundo sobrenatural, principalmente pelas atuações de espíritos malignos e por processos de magia negra.

Dentro da Umbanda o uso da magia branca ou magia positiva se disseminou de forma tão abrangente que se tornou parte da própria religião, sendo impossível separar os trabalhos religiosos espirituais puros dos trabalhos espirituais mágicos.

A linha divisora desses dois aspectos do universo divino foi ultrapassada e hoje os guias espirituais atuam em seus médiuns tanto magística quanto religiosamente, demonstrando-nos que religião e magia são inseparáveis, pois são as duas vertentes de uma mesma coisa: o universo divino.

É certo que muitas pessoas desconhecem a magia pura e recorrem à magia classificada como magia religiosa. Mas esta nada mais é que a fusão da religião com a magia.

Irmãos em Oxalá, aí têm, resumidamente, as correntes religiosas e doutrinárias que formam as bases da Umbanda. E isso sem falarmos do sincretismo religioso que aconteceu por aqui e no qual a religião católica nos forneceu as suas imagens para que, colocadas em nossos altares, o processo de transição de católicos para a Umbanda se processasse sob a vista e guarda de Jesus e dos santos católicos, procedimento este de uma sabedoria incomum, pois o novo adepto, vendo imagens de valores religiosos já seus conhecidos, sente-se num ambiente religioso acolhedor e compreensivo para com sua religiosidade anterior, mas que não estava satisfazendo suas necessidades espirituais mais íntimas.

Para concluir nosso comentário sobre a Umbanda, dizemos:

- É uma religião sem qualquer tipo de preconceito para com todas as outras religiões.
- É uma religião monoteísta, pois está fundamentada na crença da existência de um único Deus e de um Deus único, ainda que também tenha todo um panteão divino muito bem definido nas divindades Orixás, às quais reverenciamos, evocamos e oferendamos regularmente, pois cremos que cada um deles é uma divindade unigênita ou a única gerada por Deus no campo e sentido de nossa vida onde cada uma delas atua.
- Cremos que, por serem mistérios divinos descritos e interpretados de forma humana, devem ser reverenciados, evocados, cultuados e oferendados respeitosamente, pois se não temos as datas exatas de quando se iniciou o culto a eles, no entanto, tal como o amado mestre Jesus Cristo, nunca deixaram, deixam ou deixarão de atender aos clamores sinceros e justos e sempre nos guiarão suas luzes divinas e valores religiosos supra-humanos que, se foram humanizados por nós, é para podermos cultuá-los de forma humana.
- Cremos na manifestação dos espíritos e cremos na existência de um universo divino e de outro espiritual, ambos povoados por seres divinos humanizados e por seres humanos divinizados.
- Temos nossos próprios fundamentos divinos, religiosos, espirituais e magísticos, os quais herdamos de religiões antiquíssimas e adaptamos ao nosso tempo, cultura e grau evolutivo espiritual atual.

Assim, se a Umbanda é uma religião nova, porque tem só um século de existência, e ainda está em fase experimental, num processo coordenado pelos seus mentores divinos, mentores estes que denominamos de Orixás, os espíritos mensageiros nos informam que sua estrutura religiosa espiritual já está pronta e só nos falta estruturá-la aqui no plano material para dar-lhe uma feição definitiva, quando seus valores religiosos e seus fundamentos divinos serão definitivos e deixarão de mudar ao sabor das suas correntes mais expressivas.

Mas estes mesmos espíritos mensageiros nos alertam que esta estruturação material deve ser feita de forma lenta e muito bem pensada, senão demoraremos o mesmo tempo que o cristianismo precisou para se estruturar e se definir sobre seus fundamentos religiosos e divinos.

Mas nós temos certeza, e temos trabalhado para isto, de que no futuro a Umbanda terá uma feição religiosa muito bem definida, pois suas correntes formadoras se unificarão e se uniformizarão.

Então, neste tempo, os que hoje nos olham com olhos preconceituosos já estarão vivendo no universo espiritual e se aproximarão dela porque nela terão um canal divino pelo qual poderão orientar seus sucessores no plano material, tal como fazem hoje os espíritos-guias de Umbanda Sagrada!

O Ritual de Umbanda e os Antigos Cultos às Forças Regentes da Natureza

Houve um tempo em que as religiões eram praticadas de uma forma muito simples.

Os povos cultuavam Deus, que se mostrava sob a forma de uma boa colheita, de um bom tempo, de prosperidade para todos. A seu modo, agradeciam com oferendas, cantos, danças, enfim, com festividades.

Para eles, Deus era o sol que germinava as sementes lançadas à terra; era a própria terra que alimentava e dava vida às sementes; era a chuva bendita que vinha do céu para molhar a terra e fazer crescer as plantações, matar a sede e encher seus poços de água.

As árvores que davam bons frutos também eram respeitadas e algumas eram objeto de culto.

Consequentemente, a Natureza era sagrada para aqueles povos simples. Eles encontravam Deus em todos os lugares; toda manifestação da Natureza era uma manifestação divina.

Chamavam essas manifestações de nomes que sobreviveram, através dos milênios, até nossos dias. Em cada religião essas manifestações receberam nomes diferentes, mas seus fundamentos são sempre os mesmos.

E por que isso? Porque Deus se manifesta a todos, em todos os momentos e em todos os lugares. Eles eram simples, e Deus era encontrado nas coisas simples.

Com o passar dos séculos, a humanidade evoluiu em todos os sentidos. No que diz respeito à religião, foram criadas doutrinas e leis que regulavam o modo de se cultuar Deus. Quem não se adaptasse a elas era considerado um herege, pagão, infiel, bárbaro e outras coisas ainda piores.

O sacerdote deixou de ser um igual aos seus, passou a ser um guardião das leis por ele mesmo criadas. Passou a ditar normas de conduta ritual, deixou de auxiliar seus irmãos com o conhecimento das forças da Natureza e deixou de responder às indagações mais simples sobre o seu dia a dia, seus problemas, suas angústias, suas aflições.

Os sacerdotes eram a única ligação com Deus, e assim ninguém mais conseguia encontrar Deus nas coisas simples, nos lugares comuns, mas apenas nos templos, a cada dia mais grandiosos, mais ornados, mais bonitos. Deus passou a viver no céu, num lugar que ninguém sabe onde fica.

Deixaram de dizer que Deus está conosco no nosso dia a dia e que podemos encontrá-Lo em tudo e em todos os lugares, pelas Suas manifestações mais diversas.

Esqueceram-se que na Trindade Divina, o Pai é o Criador, o Filho é a Sua Criação, e que o Espírito Santo é a Sua Manifestação entre nós.

Esqueceram-se que Deus se manifesta nas mais diversas formas, a todos e em todos os lugares, e que o Espírito Santo nada mais é que a manifestação de seus mensageiros, que nos acompanham em nossa caminhada rumo a Ele, o Pai, o Criador.

A Umbanda nada mais é que um retorno à simplicidade em cultuar a Deus; em aceitá-Lo como algo do qual nós também fazemos parte; em vermos nas manifestações dos espíritos, a manifestação dos nossos mentores espirituais, ou como nós os chamamos: os nossos "guias".

O templo de Umbanda é o local destinado a essas manifestações espirituais. Os mediadores de Umbanda nada mais são que os antigos sacerdotes da Natureza, sempre dispostos a ouvir a quem quer que seja sem lhe perguntar de onde vem, qual o seu credo religioso, qual a sua posição social, porque nada disso importa. O que importa é que eles estão ali e que foram conduzidos por mãos divinas.

Na simplicidade do ritual umbandista é que reside a sua força, pois não adianta um templo luxuoso cheio de pessoas ignorantes sobre a natureza do Ser Divino.

Quantas vezes encontramos pessoas que nada sabem sobre as forças divinas que habitam na Natureza? Sobre isso um médium pode falar com um pouco de conhecimento, já que os Orixás são os regentes destas forças, todas elas colocadas à nossa disposição desde o tempo da criação do mundo.

Quando vamos a um local, um ponto de força da Natureza, muitos nos olham como tolos, ou como pagãos. Isso não é verdade! Se somos pagãos no modo de cultuarmos o Criador através de suas mais diversas manifestações, bárbaros são eles, que estão distorcendo a essência do próprio Deus que cultuam.

A Umbanda é um movimento espiritual muito forte no astral e que sempre esteve ativo, muitas vezes com nomes diferentes, mas sempre ativo. Cultuar os Orixás na Natureza nada mais é que reconhecer o lugar onde a Árvore da Vida dá os seus melhores e mais saborosos frutos.

Outras formas de se cultuar Deus são formas estilizadas de louvação e, por esta estilização ser uma forma de domínio sobre muitas pessoas, a Umbanda não leva avante os grandes templos.

O movimento espiritual que existe por trás de cada tenda de Umbanda não permite uma expansão vertical. Quando um templo atinge o seu limite, ele se multiplica em muitos outros, que logo se tornam independentes, mantendo relações de amizade com o antigo templo, mas não de subserviência.

O crescimento deve ser horizontal, nunca vertical. O crescimento vertical das religiões levou os homens a se antagonizarem usando o nome de Deus como desculpa.

Quando uma religião se agiganta, começa a interferir nas menores, buscando destruí-las e absorve-lhes os adeptos, como se Deus tivesse feito dela sua representante única na terra. Eis o perigo do crescimento vertical!

Entenda-se por "crescimento vertical" a hierarquização do culto, colocando-se vários sacerdotes sob as ordens de uns poucos. No processo de "crescimento horizontal", todos os sacerdotes são iguais e têm os mesmos poderes e obrigações perante o "conselho invisível dos Orixás".

Não podemos nos esquecer também de que foi a hierarquização que dividiu o mundo em nações distintas, firmando os limites de atuação das antigas religiões e os princípios religiosos dos povos como hoje os temos.

A religião oficial não admitia um templo estranho em seus limites. Esse foi o início da desgraça da humanidade, porque aí começaram as guerras pelo direito de serem os únicos ungidos. Muitos foram os conflitos que tiveram sua origem na intolerância religiosa.

Os mais astutos usaram o nome de Deus para dominar os povos mais fracos. Ao impor-lhes um novo deus, destruíam o anterior, tal qual hoje acontece com empresas comerciais: uma absorve a outra, fazendo com que o seu nome desapareça do comércio.

Mas existe uma diferença: uma empresa vende um produto fabricado pelo homem, e os religiosos, ao agirem dessa forma, estão vendendo algo que não lhes pertence. Deus não tem dono e os bens divinos não são para ser vendidos, pois estão à disposição de todos, em todos os lugares.

Se assim não fosse, os humildes não poderiam se aproximar de Deus, enquanto os ricos O comprariam e O trancariam em seus cofres pessoais.

Será que não foi isso o que fizeram as grandes religiões?

Guardaram Deus dentro de templos suntuosos, e quem quiser ser bem visto na sociedade dos homens deve se submeter aos seus ditames. O Tesouro Divino estaria sendo comercializado como algo profano!

A isso tudo a Umbanda tem confrontado através da sua simplicidade de culto.

Todo umbandista praticante tem sua Linha de Lei a acompanhá-lo. Ela não depende de nada mais para existir. Existe unicamente porque o adepto existe. Se ele não cultivar essa força ela deixa de ser atuante e fica passiva.

O adepto é seu ativador, seu cultuador e seu beneficiário em primeiro lugar. Aqueles que vivem à sua volta são beneficiários, mas apenas se ele for atuante, nunca se for passivo.

Esta é a essência da Umbanda: cada umbandista é um templo do seu culto. Este é um mistério sagrado que sempre esteve oculto dos homens. Não interessa às grandes religiões ensiná-lo, pois assim perderiam o domínio sobre o adepto.

Por que revelar os mistérios sagrados, se isso vai enfraquecer o seu poder sobre o adepto?

O resultado é que o povo fica desiludido com as religiões e muitos se tornam ateus e outros cépticos a respeito das leis divinas. A maioria dos mistérios é ocultada por uns poucos que os conhecem e é ignorada pela maior parte dos seus fiéis.

Mas, no ritual umbandista, os mistérios vão sendo revelados de uma forma velada, ou seja, o adepto vai tomando conhecimento deles através dos Orixás e suas várias formas de atuação, sem que isso implique o conhecimento de uma codificação abrangente. O que já existe, e bem divulgado, são os nomes dos guardiães dos mistérios, e não os mistérios propriamente ditos.

Sendo assim, o Orixá regente vai abrindo a cada médium a cortina sobre o seu poder de atuação no mundo astral e material. Isso é feito de uma forma gradual, pois ainda não é o tempo de se levantar o véu de luz que oculta os grandes mistérios sagrados.

São revelados apenas os mistérios já subdivididos, nunca como um todo. Somente os adeptos que se interessarem em recolher os fragmentos que se encontram espalhados ao fim de um longo tempo poderão aquilatar o que estamos dizendo aqui.

Não é tarefa fácil porque implica um envolvimento cada vez maior pelos guardiães desses mistérios. Se eles acharem por bem bloquear essa busca, o adepto, sem que se aperceba, é levado a se afastar da sua rota. Tudo em nome do crescimento horizontal do Ritual de Umbanda.

O crescimento horizontal não concentra muito poder, e nem requer o conhecimento de muitos mistérios. Somente o conhecimento de alguns mistérios menores relacionados aos Orixás basta para sustentar um templo. Se forem dados a conhecer muitos mistérios, estes poderão interferir nesse processo de expansão horizontal.

Se for possível, no futuro todos terão acesso a um maior conhecimento sobre os mistérios sagrados, mas somente se isso for possível.

O Ritual deve manter sua forma porque, fora da comunhão com as forças da Natureza, não é possível criar um ambiente propício para o conhecimento e o uso das forças espirituais que atuam junto a estas mesmas forças.

Muitos tentam passar por cima de etapas fundamentais no curso do aprendizado do Ritual. Isso somente interfere na harmonização das suas forças atuantes.

O Ritual de Umbanda ainda está para ser decodificado. Muitas partes importantes dos seus fundamentos continuam ocultas da maioria dos seus praticantes, que não procuram descobrir nada mais além dos passos iniciais, mantendo-se num estágio pouco avançado.

Muitos que tentam avançar as etapas sem o devido preparo são bloqueados pelos seus próprios mentores ou pelos Orixás.

Mas se o contato com as forças da Natureza se mantiver num nível propício às manifestações, essas mesmas forças irão se tornando cada vez mais atuantes até atingirem total comunhão com o mediador. Talvez com o advento de um novo ciclo da humanidade, o Ritual possa atingir um estágio mais avançado. Mas isto somente o futuro irá responder.

O que importa atualmente é manter o maior contato possível com as forças da Natureza, pois aí está o maior mistério do Ritual de Umbanda, o ritual aberto a todos os povos, sem distinção de cor, credo ou raça, já que as forças da Natureza atuam em todos os pontos do globo terrestre, quase sempre de forma oculta.

Aqueles que tinham a mensagem que comovia multidões dominaram estas mesmas multidões através do ocultamento dos mistérios naturais. Se verificarmos com cuidado, veremos que foi a opção pelo crescimento vertical que fez isso.

Todo crescimento vertical é perverso na sua execução, porque poda os mais capazes em detrimento dos mais espertos, intrigantes ou astutos.

Essa "poda" se dá no momento em que os mais capacitados em levar a mensagem ao povo são bloqueados. O dom natural, em relação a qualquer religião, não é algo que se adquire numa escola. O máximo que uma escola pode ensinar é o ordenamento das forças desse dom e o aprendizado de seu uso em benefício dos que praticam aquela religião.

Quando alguém tem um dom natural muito evidente, os menos dotados logo começam a bloqueá-lo por simples inveja. Isso é comum em todos os rituais e religiões. Se aqueles que bloqueiam o dom natural de alguém dentro de uma crença religiosa soubessem o erro que cometem, não iriam fazê-lo em hipótese alguma, pois o preço de tal atitude é muito alto.

O templo em que se pratica o Ritual de Umbanda é uma escola na qual o iniciante trava os seus primeiros contatos com as forças da Natureza. É ali que começa a conhecer suas forças e o seu dom natural é ordenado. Também é desse contato com as forças da Natureza que se aprende onde se localizam os seus pontos de força atuantes, regidos pelos Orixás.

Os primeiros mistérios são revelados de uma forma simples e compreensível. Com o passar do tempo, eles vão sendo aprofundados à medida que o próprio médium praticante procura conhecê-los.

A ligação que o Ritual de Umbanda mantém com o Ritual Africano Puro diz respeito aos milênios em que este se manteve isento de deturpações e preservou seus conhecimentos acerca dos Orixás.

Os rituais da Natureza foram encontrados pelos europeus em todos os continentes que dominaram, seja na África, nas Américas, na Oceania, na Austrália e até mesmo nas ilhas e arquipélagos isolados do resto do mundo. Encontraram o mesmo ritual de culto às forças da natureza praticado por seus antepassados pré-cristãos.

A todos tentaram apagar tachando-os de rituais bárbaros ou pagãos, sem observarem que estes rituais eram muito anteriores ao cristianismo. Não tiveram a sensibilidade de perceber que tinham uma lógica que não estava escrita, mas que era fundamentada em mistérios sintetizados nas suas divindades, sempre associados às forças da natureza.

Somente aqueles que os praticavam compreendiam por que tinham que ser iniciados em seus fundamentos, e suas leis estavam incorporadas neles como deveres a serem respeitados e cumpridos. O juiz era o próprio ritual e quem julgava eram os próprios adeptos. Sua lógica era simples e horizontal, como simples e horizontal é o Ritual de Umbanda.

Sua lógica simples tinha como defesa o culto às forças da Natureza. Era da Natureza que tiravam o alimento, a água e as vestes. À Natureza deviam tudo, e à Natureza cultuavam como parte do Criador. Nenhum ritual negava o Criador primordial. Todas O tinham em alto conceito, intangível aos simples mortais encarnados. Viam os pontos de força da Natureza como locais em que podiam se aproximar das divindades menores. Ali podiam praticar o ritual em sua plenitude. O templo era a própria Natureza e ninguém a possuía, pois ela não tinha dono nem senhor. Era um bem coletivo!

O "Guardião do Ponto de Força" era o emissário do Criador para ouvir os pedidos e receber em Seu Nome as oferendas de gratidão ou de propiciação de prosperidade.

Eis uma revelação simples para os que pensam em Deus de uma forma simples, difícil de ser compreendido por mentes educadas para olhar a religião como um templo fechado aos não adeptos.

Mentes complicadas não estão aptas a compreender que o Criador se manifesta em nós da forma mais simples: a forma que estamos aptos a absorvê-Lo e a entendê-Lo.

Os conquistadores não compreendiam que os rituais simples eram puros em suas origens e que manteriam por milênios aquela simplicidade, desde que não sofressem interferência externa. Interferiram com todo o poder que traziam consigo: o poder das armas! Poder criado justamente para preservar e expandir verticalmente as suas crenças, que não se sustentavam sem a coação do poder material. Quando cessa tal poder, lentamente elas se vão apagando, e sua estrutura vertical começa a ruir como um castelo de areia.

Toda a religião que se impuser pela força, quando esta mesma força cessar, cessará sua mensagem.

Assim é a Lei de Deus agindo sobre as leis dos homens.

A Lei Divina é eterna e imutável; as leis dos homens são modificadas ao gosto daqueles que estão no poder e na religião dominante, em uma união de interesses.

Os que cultuavam a Natureza como uma extensão do Divino tinham em mente que eram dependentes dela, ao contrário do que vemos nas sociedades atuais que dispensam a aprovação dos Senhores da Natureza em suas empreitadas expansionistas.

A Natureza regulava a vida dos seres, e não o contrário. Eis por que havia um equilíbrio natural das populações e do meio de sustento das mesmas.

O equilíbrio permaneceu por milênios incontável.

Quando o expansionismo das religiões verticais se fez sentir nestes locais, o culto de divindades naturais foi suprimido a ferro e fogo; a Natureza foi desprezada; a lógica simples do seu ritual foi suprimida.

Em seu lugar impuseram uma lógica complicada, a lógica das mentes doentias, mentes que já estão atuando sobre a terra por mais ou menos onze mil anos, e que somente cessarão de atuar quando o Criador vir toda a Natureza destruída, e todos os adeptos desta simplicidade em cultuá-Lo tiverem desaparecido.

Neste momento será a hora do acerto de contas dos erros e desmandos dos humanos para com o seu Criador.

O Ritual de Umbanda é uma tentativa de os espíritos guardiães da Natureza reverterem este processo de destruição da fonte da vida no planeta. Porém muita resistência está sendo colocada por parte dos adeptos das grandes religiões estabelecidas de forma vertical, que não querem perder o poder, em detrimento da livre manifestação dos cultos à Natureza.

Os espíritos guardiães olham para a Natureza e, vendo-a ser destruída, tentam lutar contra isso.

Que Oxalá permita que possamos reverter esse processo de destruição, porque, se não conseguirmos isso, virá o dia em que a falta de pontos de força para a livre manifestação do Divino trará como consequência a esterilização do nosso planeta.

Deus não é uma força ordenada pelos homens. Muito pelo contrário, por mais sábio que seja um homem, uma religião ou a própria humanidade, jamais conseguirá penetrar nos Seus mistérios. Não aqueles codificados por uma minoria, como "leis e dogmas". Este "saber", ou qualquer que seja o nome que se lhe dê, pouco significa perante o Criador.

Conseguimos dividir e até anular totalmente um átomo, mas ainda não conseguimos sair da Terra e viver em outro planeta. Então, como podemos dizer que unimos em um ritual, seita ou religião o saber total sobre o Divino Criador de Tudo e de Todos?

Pobre homem que, na sua busca incansável pelo saber, destrói a maior fonte do saber sobre a natureza do Divino Criador, que é a própria natureza do planeta onde vive.

Esse é um mistério que muitos tentam apagar da mente das pessoas. Quanto menos estiverem em harmonia com a Natureza, mais fácil dominá-los. Eis a lógica pregada a todo instante e em todos os lugares pelas mentes dominantes. Mentes estas que adoeceram exatamente por complicarem aquilo que deveria ser simples.

Deus, na Sua essência, é de simples compreensão. Os rituais é que O tornam inacessível, colocando-O no céu. Esta é a lógica invertida criada por mentes viciadas.

Não procure ser bom apenas para um dia chegar a Deus. Seja simples e você encontrará Deus agora e aqui mesmo. Ele não vive no céu, inatingível. Vive aqui mesmo e podemos encontrá-Lo mais facilmente se O cultuarmos nos pontos de força da Natureza, onde poderemos sentir toda Sua grandeza de uma maneira simples, porque ali agem Seus guardiães: os guardiães dos pontos de força da Natureza.

Que esta maneira simples e saudável de adorá-Lo se expanda horizontalmente e o reequilíbrio do planeta se fará de forma natural.

Do contrário, a própria Natureza perderá seus pontos de força e então todos sentirão seu choque destruidor.

Aquilo que ainda hoje é natural, somente se fará de forma artificial, como artificiais são muitas crenças religiosas, sustentadas por suas lógicas abstratas e antinaturais.

Que o Ritual de Umbanda consiga, na simplicidade do culto às forças da Natureza em seus pontos de força, realizar a comunhão dos homens com o Criador através da sua melhor e mais saudável forma de culto: o culto na Natureza.

Que os gênios da Natureza acolham a todos que se aproximarem dos seus pontos de força em busca dos mistérios do equilíbrio e da harmonização dos seres com seu Criador, o Deus de Todos e Criador de Tudo.

Os Santuários Naturais

O culto aos Orixás, sempre que possível, deve ser realizado nos seus pontos de forças ou santuários naturais, porque nestes locais a energia ambiente é mais afim com a deles e os magnetismos ali existentes diluem possíveis condensações energéticas existentes no campo vibratório das pessoas.

Sim. Nós, no nosso dia a dia, vamos acumulando em nosso espírito certas energias que são prejudiciais ao bom funcionamento do nosso corpo etérico ou energético. E às vezes nem nos apercebemos disso e acabamos nos tornando "pesados", apáticos, desinteressados ou sofremos distúrbios digestivos, metabólicos e hormonais, pois os nossos chacras têm a função de absorver energias refinadíssimas e positivas com as quais nosso corpo energético alimenta o nosso corpo físico ou carnal.

Já o corpo carnal, este, em equilíbrio energético, magnético e vibratório, tem a função de alimentar nosso corpo energético, mantendo saudável o nosso espírito.

Sim. Há uma troca permanente entre nossos corpos carnal e espiritual: se um estiver debilitado ou com disfunções acentuadas, elas refletem no outro, adoecendo-o e debilitando-o.

Saibam que quando os guias espirituais recomendam banhos de ervas, eles estão limpando o espírito através do corpo carnal.

- Quando recomendam banhos de cachoeira, é porque o magnetismo e a energia ali existentes desagregam energias negativas enfermiças acumuladas no perispírito e já internalizadas nos órgãos etéricos do espírito.
- Quando recomendam banhos de mar é porque a energia salina ali existente cura enfermidades existentes no espírito das pessoas. Inclusive, a água do mar queima larvas astrais resistentes a outros tipos de banhos (ervas, sementes, raízes etc.).

Os santuários naturais não são uma invenção humana, mas, sim, todos somos beneficiados pelas energias e pelo magnetismo existentes neles. E, se recomendamos a realização periódica de cultos religiosos neles, é porque nestes momentos as energias e o magnetismo específicos deles ficam saturados com os das divindades ali evocadas e somos beneficiados de forma sensível, pois os absorvemos junto com as energias geradas naturalmente nestes locais altamente magnéticos.

As religiões naturais, por serem muito antigas, não dispunham dos nossos conhecimentos atuais. Mas as divindades que se manifestam nos seus santuários naturais sempre souberam tudo o que hoje já sabemos e do que nunca saberemos.

Logo, se um banho de mar, de cachoeira ou de ervas é bom, caso evoquemos a divindade associada a estes locais, ou aos seus elementos, então ele será ótimo. Divino mesmo!

Saibam que um culto realizado ao redor de uma fogueira queima miasmas ou larvas astrais e energiza positivamente o espírito das pessoas alcançadas por suas ondas quentes.

- Um culto realizado à beira da água (cachoeira, rio, lagoa ou mar) limpa e sutiliza o corpo energético das pessoas e as magnetiza positivamente.
- Um culto realizado nas matas fecha aberturas na aura, sutiliza o magnetismo mental e purifica os órgãos etéricos do corpo energético (espírito) das pessoas expandindo seu campo áurico.
- Um culto realizado no tempo, em campo aberto, dilata os sete campos magnéticos das pessoas e as torna muito "leves".
- Um culto realizado na terra arenosa densifica o magnetismo mental e concentra as energias das pessoas, fortalecendo-as vibratoriamente.

Enfim, cada local tem sua divindade, que tanto deve ser oferendada e adorada como devem incorporar os espíritos associados a ela, pois são membros de suas hierarquias espirituais, todos voltados para nós e imbuídos dos melhores sentimentos para conosco, os seus irmãos encarnados.

As divindades sempre souberam disso e sempre intuíram às pessoas onde devem cultuá-las, pois, assim, imantando com suas irradiações vivas e divinas tanto seus santuários quanto seus frequentadores, mais vivas se tornam em nosso íntimo e em nossa fé.

Os Orixás e a Natureza

Por que a Umbanda cultua, oferenda e reverencia as divindades associadas à natureza terrestre?

A Umbanda é uma religião sincrética, pois fundiu quatro culturas religiosas e criou uma quinta, já com feições próprias, pois não é culto de nação; não é espiritismo; não é pajelança; e não é cristianismo, mas, é Umbanda, a religião brasileira por excelência, e é um reflexo da religiosidade desta nação onde os opostos e as paralelas não só se tocam ou se encontram, como também costumam se fundir, misturar e mesclar, originando novas feições para coisas já tradicionais.

Senão, vejamos:

- A cultura religiosa nativa (indígena) praticamente desapareceu, restando só uns poucos redutos do antigo culto natural aqui existente antes da expansão colonial.
- A cultura religiosa africana, semelhante em alguns aspectos à dos nativos brasileiros, aqui se adaptou tão bem que índios e negros (ambos escravos do branco colonizador) se entenderam religiosamente, já que ambos associavam suas divindades a fenômenos da natureza. Ou não é verdade que "Tupã" é muito semelhante a Xangô, Orixá dos raios, e Iansã, Orixá das tempestades? Tupã era associado aos trovões e aos raios que devastavam as árvores que atingiam e causavam incêndios.
- A cultura religiosa cristã de então, sustentadora em boa parte da crença em santos poderosos, forneceu a chave para o sincretismo entre as divindades nativas e africanas e os santos católicos. Fato este que até facilitou a catequização dos índios, pois os catequizadores, astutamente, lhes diziam que Deus era Tupã e com isso batizavam e convertiam um povo desprovido de uma doutrina

religiosa e de uma teologia pensada em termos expansionistas. E o mesmo se aplica aos negros escravizados e separados de suas raízes religiosas do outro lado do Atlântico.

- Quanto ao espiritismo Kardecista, este forneceu a chave que explicou cientificamente tanto a religião nativa quanto os cultos de nação ou afro-brasileiros, pois explicou a possessão religiosa como incorporação dos espíritos em pessoas dotadas com esta faculdade mediúnica.

Nada é por acaso, e aqui vemos claramente a sapiência divina dos arquitetos das religiões, porque elementos religiosos não conflitantes foram sendo reunidos pacientemente, e pouco a pouco os pontos em comum foram servindo de elo entre povos, culturas e religiões distintas.

A Umbanda é esta religião pensada pelos arquitetos e pensadores divinos das religiões, pois é espírita (seus médiuns incorporam os espíritos); é cristã (os santos católicos e o Cristo Jesus ornam seus altares); é culto africano (cultuam-se os Orixás e os reverenciam em seus santuários naturais); é pajelança (pois os velhos pajés incorporam e dançam suas danças sagradas durante as sessões de trabalho).

Com isso explicado, passemos ao comentário que justifica a associação entre as divindades da Umbanda (os Orixás) e a natureza terrestre.

É de conhecimento de todos (ou quase) que as antigas religiões (já recolhidas por Deus) possuíam em suas cosmogêneses um Deus criador e pai de muitos "deuses", sendo que estes eram tidos como os manifestadores divinos do poder d'Ele. Poder este que tanto se estendia sobre os seres quanto sobre a própria criação do nosso planeta e todo o universo.

Sempre havia um Deus supremo, superior a todos os deuses. Mas estes eram os concretizadores da criação e aplicadores dos poderes deste Ser supremo na vida dos seres, na das criaturas e na própria natureza terrestre (geográfica e climática).

Oras! Se analisarmos as divindades (os Orixás) a partir da natureza, nós os encontramos nos próprios processos genésicos ou criadores de Deus, fato este que justifica os cultos nos santuários naturais (rios, mar, pedreiras, tempo etc.). Tudo o que há de visível na criação de

Deus é a concretização ou materialização do que não podemos ver, pois existe em uma dimensão e realidade anterior ao nosso plano material.

- Oxum não é as pedras minerais. Mas estas são a concretização ou materialização de sua energia fatoral agregadora de coisas úteis às criaturas e à própria criação, em todas as suas dimensões.
- Iemanjá não é a água do mar. Mas esta é a concretização em nível físico ou material de sua energia fatoral geradora que desencadeia todos os processos genéticos, já que só a água tem este poder.

Poderíamos explicar todos os Orixás a partir desse raciocínio, pois ele é correto e verdadeiro.

Sim. Os Orixás são as divindades de Deus que concretizam sua criação e dão sustentação a ela o tempo todo, pois são, em si, os processos criadores de Deus.

- Oxum não é as pedras minerais. Mas estas são a concretização de um atributo exclusivo dele: a agregação dos outros elementos.
- Iemanjá não é a água. Mas esta é a concretização de um atributo exclusivo dela: desencadear os processos genéticos ou geradores.

Logo, as energias agregadoras de Oxum estão no processo formador das pedras minerais e estão sendo irradiadas o tempo todo por elas. Portanto, cultuá-la nas cachoeiras pedregosas ou na própria água doce que corre nelas é o meio mais natural de sintonizá-la vibratória, energética e magneticamente, já que é através do material ou físico que chegamos ao imaterial ou espiritual ou divino.

Oxum não é o cobre ou as pedras minerais. Mas ambos são concretizações de Oxum, Orixá dos minerais.

E o mesmo raciocínio se aplica ao culto de Iemanjá realizado à beira-mar ou à beira dos rios. Se só a água desencadeia os processos genéticos e sustenta seus desdobramentos posteriores, a água é a concretização física desse seu poder divino geracionista.

Voltando ao início do nosso comentário, nem os índios nativos nem os povos africanos adoravam a natureza em si, mas sim as potências associadas aos muitos aspectos desta natureza viva e capaz de alimentá-los ou de castigá-los com inclemência caso lhes fugisse ao controle.

– Quem dominaria uma tempestade ou uma seca, uma enchente ou um incêndio, um raio ou um vulcão? Ainda mais sem os atuais recursos técnicos que temos à nossa disposição. Não é mesmo?

Logo, tanto é correto um católico evocar Santa Bárbara durante uma tempestade quanto um umbandista evocar Iansã e oferendá-la após a passagem da tormenta, pois ambos estão submetidos a um fenômeno climático incontrolável por eles, mas não pelas divindades (a santa ou o Orixá).

Para Deus, não importa muito como O cultuam ou às Suas divindades, mas, sim, importa como fazem isso: com fé, muita fé mesmo!

O Dom Ancestral Místico
*A Importância de se Encontrar o
Dom nas Manifestações Espirituais*

Se cada mediador que se iniciar dentro do Ritual de Umbanda procurar, encontrará o seu dom. O dom nada mais é que a sua ligação com um tipo de trabalho realizado pelo seu ancestral místico, manifestado e identificado na forma de um Orixá. Quando alguém descobre o seu dom, passa a se integrar na irradiação de luz e força do seu Orixá.

Existem espíritos que, por reencarnarem muitas vezes, e em todas elas buscarem o seu dom através do conhecimento dos mistérios, acabam absorvendo parte de outros dons. Estas partes vão sendo integradas ao seu todo mediúnico e sensitivo.

A cada reencarnação, enquanto busca o seu dom, vai deixando à mostra as faculdades já adquiridas. Muitas vezes não é possível entender como isso se dá. É preciso, então, vasculhar o seu passado para encontrar a resposta. Lá tudo está anotado, como se fosse um filme: dores, sorrisos, vitórias e derrotas.

Quando choram suas dores é porque estão distantes do seu dom ancestral. Quando sorriem, é porque chegaram muito próximo.

Aqueles que conseguem se integrar totalmente ao seu dom e seu Orixá e serem absorvidos por inteiro depois de concluídas as suas buscas, passam a fazer parte das grandes correntes espirituais do astral. Cessam a busca incansável do seu ancestral místico e já não precisam reencarnar. Somente o fazem se assim decidirem os guardiães dos mistérios sagrados. Nada procuram e nada pedem ao Criador.

Quando alguns desses espíritos voltam à carne, despertam o Amor em muitos. O porquê disso? Explicaremos.

Quando alguém se integrou ao seu dom, ele é o próprio dom. Caso venha a reencarnar por uma necessidade evolutiva do mundo material, encontrará naqueles, por quem veio à carne, uma predisposição em aceitá-lo sem contestação.

Se lhes perguntar o porquê disso, não saberão responder. Dirão que é porque gostam dele ou porque pensam da mesma forma, ou porque gostam de sua maneira de agir. Não perceberão que sua volta à carne foi apenas para ajudá-los a se aproximar dos seus dons ancestrais, encobertos pelo tempo. Não indagam a si mesmos o porquê disso, não precisam saber!

Os dons ancestrais os unem por laços invisíveis. Somente é possível sentir estes laços, nunca vê-los. Eis um mistério dos dons. Costumam atuar sobre as pessoas na forma de amor, simpatia, afeição, lealdade, desejo de aproximação. Enfim, uma comunhão perfeita de ideias e de sentimentos.

O contrário de alguém que reencarnou com perfeita integração no seu dom é aquele que precisa combater para poder atingir a integração com o seu dom. São adversários, inimigos, traidores, caluniadores, envenenadores. Não medem esforços para destruir à obra alheia, não importando que ela seja abençoada por Deus, e que muitos se juntem a ela com prazer no coração. Usam de argumentos falsos, e, ainda que saibam que estão errados, jamais admitem isso, mesmo após o desencarne. Somente depois de muito tempo na ignorância atentam para o próprio dom. Então procuram de todas as formas reparar o erro, e percebem que, enquanto lutavam para destruir o dom alheio, se afastavam do próprio dom.

Deste momento em diante, o caminho é espinhoso. Sentem-se perdidos, tudo é difícil, a luta é descomunal se comparada ao esforço para romper o bloqueio autoimposto.

Este é o preço do desafio, um preço alto e muito difícil de ser pago. A sede que causou terá de ser saciada com suas próprias lágrimas; as dores que provocou com seu desafio sentirá na própria carne; a fome que fez outros passarem terá que saciar. Este é o preço a ser pago para poder voltar a trilhar o caminho que o conduzirá ao seu próprio dom. Embora seja muito alto, precisa ser pago, senão não encontrará paz para sua alma. Muitos, ao verem o preço a ser pago, se revoltam, agem como loucos, e até mesmo ficam loucos, porque se recusam a admiti-lo.

Aqueles que pagam seus débitos com um mínimo de resignação encontram o caminho rumo ao seu dom ancestral. Quantos não estão amargando um carma pesado por terem lutado contra o dom alheio, em vez de buscar o próprio dom?

Nunca devemos combater o dom dos outros, mas sim incentivá-los. Assim agindo, estaremos nos aproximando mais rapidamente do nosso próprio dom ancestral, e o nosso caminho se ampliará com uma rapidez espantosa. O ancestral místico torna tudo mais fácil para nos aproximarmos dele. Remove os obstáculos no nosso caminho para que possa nos receber e nos integrar à sua luz e força.

Com isso nos transformamos em sua força ativa, e em sua luz cristalina viva.

Nunca devemos usar os mesmos métodos daqueles que combatem a busca do nosso ancestral místico.

Se assim fizermos, estaremos nos afastando do caminho que nos conduz a ele.

Se todos aqueles que já encontraram o seu caminho não ficassem interferindo no caminho alheio, em poucas encarnações estaríamos totalmente integrados aos nossos dons ancestrais místicos. Pena que isso não aconteça. Se assim fosse, a terra seria o paraíso prometido e nunca encontrado.

Olhando para a história, vemos pessoas de uma inteligência muito grande, cultíssimas, mas ao mesmo tempo desinformadas a respeito do seu dom ancestral.

Quantos não voltaram para auxiliar outros e caíram no mais baixo nível vibratório, tornando impossível encontrar o caminho do seu dom e, com isso, perderam toda a ligação com seu ancestral místico. Este não os perde de vista, mas também não se mostra. Muito pelo contrário, age com rigor sobre aquele que caiu.

Quando isso acontece, aqueles que já estavam integrados ao dom caem para as zonas sombrias mais profundas, perdendo todo o contato com o nosso nível de existência. Deixam tudo para trás, têm vergonha de si mesmo, e isso é motivo para se afundarem cada vez mais nas Trevas.

Tornam-se aquilo que denominamos de "demônios". Afastam-se o mais possível do seu dom ancestral místico. Nas trevas é fácil ocultar a vergonha que sentem da Luz.

Quanto mais afundam, mais se apegam à ideia de que agiram certo, de que os outros é que erraram. Unem-se a outros que assim pensam e formam legiões de espíritos afins.

Os semelhantes negativados se atraem como ímãs poderosos. Criam laços tão fortes quanto aqueles que são atraídos pela Luz. São unidos pelo ódio que nutrem pelos que julgam responsáveis por suas quedas. Mas, ainda que não saibam, mantêm dentro de si a essência do ancestral místico, que pulsa como uma estrela distante.

Não sabem como ela é, a que distância se encontra, se há vida nela, se é fria ou quente; mas a ocultam nas suas formas espantosas; vivem a vontade de ver mais de perto esta estrela, senti-la, até mesmo tocá-la, se isso lhes fosse possível.

Eis o anátema: Odiar o que gostariam de ter! Mas, por que isso?

Porque, quando voltaram à carne, quiseram ser os donos dos dons ancestrais, quando a ninguém isso é permitido. Os dons pertencem ao Criador, que tem os Seus "doadores ancestrais" para distribuí-los à medida que formos merecedores de Sua graça.

Nunca devemos nos apropriar de um dom, mas sim nos integrar a ele e sermos uma parte de sua luz e força, e nunca o próprio dom. Ele pode nos absorver, enquanto a nós somente é permitido ser absorvidos por ele, e isso só depois de nos tornarmos virtuosos.

Quantos não passam a odiar o objeto de um grande amor?

Quantos não passam a odiar a mulher que não retribuiu o amor dedicado a ela?

Quantos não passam a odiar o amigo, apenas porque julgam que este lhes faltou com a lealdade em dado momento?

Quantos não odeiam o trabalho espiritual apenas porque acham que ele é muito difícil para que consigam algo que talvez nem lhes pertença?

Quantos não odeiam a própria vida, um dom divino, apenas porque não gostam da vida que levam, vida que, muitas vezes, busca aproximá-los do seu dom místico ancestral?

Quantos, pobres de bens materiais, não se empobrecem também de espírito, porque não conseguem riquezas materiais?

Quantos não tiram a vida alheia por não amarem a própria vida, e tornam-se inúteis perante o Criador?

Quantos não tiram a própria vida, em um desafio direto ao Divino Doador do Dom da Vida, transformando suas vidas espirituais num inferno permanente?

Quantos não sufocam os dons alheios como se entendessem de dons, sem sequer conhecerem o significado dessa palavra, e muito menos o próprio dom?

Quantos não se afastam de seu dom ao tentar, à força, que outros o aceitem?

Existem aqueles que anulam a si próprios quando negam o próprio dom e invejam o dom alheio. Eis os mistérios do dom sendo afrontados. Aqueles que assim procedem afastam-se do seu dom ancestral místico. Se olhássemos um pouco mais para os dons, a Terra seria o paraíso prometido e nunca encontrado.

Que muitos não saibam seu significado é até compreensível, mas que aqueles que já adquiriram o Dom Sagrado do Oráculo venham a temê-lo ou negá-lo, ou até mesmo anulá-lo em si, não se justifica em hipótese alguma. Vamos falar primeiro dos que o temem, depois falaremos dos outros.

Os que temem o dom mediúnico de incorporação, o dom oracular de responder às perguntas dos consulentes, nada mais estão fazendo que uma tentativa de negar seu próprio dom ancestral místico.

Ao agirem assim, não sabem que estão se afastando do próprio dom, um bem espiritual conquistado com muito esforço nas reencarnações passadas. Este é o momento de serem absorvidos pelo guardião doador do seu dom ancestral místico, e temem por tal absorção.

Recusam-se a abandonar seu "livre-arbítrio", que receberam para procurar o seu dom, em favor do dom conquistado a duras penas, e se esquecem, ou até mesmo desconhecem, o quanto seriam grandes diante do guardião dos seus dons. Eis um caso típico de ignorância.

Quanto aos que negam o dom mediúnico oracular, negam a si próprios, numa tentativa de não assumir os compromissos que o dom exige de quem se integra a ele. Não querem se envolver com nada além do seu dia a dia. Recusam-se a ver que isso é um bem do espírito, e que é preciso distribuir este bem entre os que ainda não o conquistaram. Preferem sofrer as consequências do desafio ao guardião do seu dom ancestral místico, tornando-se até mesmo ateus, para não assumirem-no, deixando-se absorver por ele.

É o caso típico daqueles que não olham no espelho para não se verem refletidos.

Quanto aos que odeiam o dom mediúnico oracular, têm medo do próprio Criador de Tudo e de Todos. Eles possuem o dom, mas fazem de tudo para anulá-lo e usam de todas as fórmulas possíveis para destruí-lo. Não se importam com o preço a ser pago. O que interessa é destruir os dons, tanto o seu quanto os dos semelhantes.

Usam palavras rebuscadas, frases de efeito, desculpas esfarrapadas para fugir do seu dom ancestral místico. São os ateus convictos, os falsos religiosos, os sábios da materialidade. Tão sábios e tão ignorantes! O inferno é composto, em grande parte, por estes seres que negaram a divindade dos dons.

Quantos, dentro dos seus templos, não estão exercendo um dom?

Quantos não estão executando erroneamente o que lhes reservou o seu dom ancestral místico e, com este trabalho que deveria ser nobre, transformam-se em eternos destruidores dos dons alheios, como se já não bastasse destruírem o próprio dom?

A estes, o reverso do Senhor da Luz, as Trevas, os acolhe.

Em suas descidas aos infernos, são recepcionados com a desilusão, o desespero e a dor. As regiões escuras do astral inferior estão coalhadas deles. Depois de se despirem da pele do cordeiro, deixam à mostra o lobo que escondiam dentro de si.

Não sabiam o que quer dizer "vestir-se com a pele do cordeiro"?

A pele do cordeiro é o corpo físico, a carne, que Deus Pai, o Doador Generoso do Dom da Vida, nos veste para nosso próprio benefício. Somente assim muitos podem sair das trevas que habitam para encarar a luz do dia sem cegar.

Quantos não caminham soberbamente, ocultando imensa podridão na alma?

A pele do cordeiro também serve para ocultar essa podridão.

Este é mais um mistério revelado. Portanto, quem deseja se integrar ao seu dom ancestral místico não deve perder o seu valioso tempo com essas pessoas. Elas são aquelas que Jesus, o Cristo, pediu ao Pai Eterno que perdoasse. Não foram do Cristo Jesus estas palavras?: "Pai perdoai-os, pois não sabem o que fazem!". Perdoai-os vocês também, pois além de não saberem o que fazem, não sabem o que fazer. As Trevas ensinarão que ninguém deve odiar um dom, e muito menos afrontá-lo.

A estes, o Criador não dá mais a pele do cordeiro para se vestirem. Quando muito, cede um pedaço para que ocultem parte de suas feiúras de espírito. Mas o resto sempre fica à mostra.

Não busquem na ciência humana o que pertence à Ciência Divina. Somente na Ciência Divina encontrarão a explicação sobre aqueles que não podem se vestir por inteiro com a pele do cordeiro.

Eis mais um mistério do Símbolo Sagrado da Estrela da Vida!

Quem quiser fugir, negar ou até odiar o seu dom, que o faça, pois ainda é dono do livre-arbítrio. Mas saiba que terá que pagar o preço do desafio aos guardiães dos dons sagrados. Os dons místicos ancestrais são tesouros sagrados. Ninguém pode dilapidá-los impunemente. Aqueles que fogem do seu dom, passam o resto de suas vidas procurando-o nos lugares errados. Sofrem porque nunca o encontrarão.

Não importa onde o procurem, não conseguirão ver que o dom místico ancestral se encontra neles mesmos.

Mas, vamos voltar ao início, já que, se continuarmos nesta linha de esclarecimentos, teremos que entrar nos rituais alheios, e não é nosso objetivo. Estamos falando do dom ancestral místico na Umbanda e seu ritual. Portanto, falamos "sobre" e "para" a Umbanda.

Nos templos de Umbanda é comum encontrarmos médiuns de todos os graus, todos dando muita atenção ao dom oracular, ou seja, o Dom de Incorporação, incorporando um mentor e com ele ajudando seus semelhantes. Esta é uma atitude louvável para quem aceitou o Dom da Incorporação, a mais trabalhosa das manifestações do Dom do Oráculo. Mas também é comum vermos que muitos se sentem deslocados.

Isso ocorre porque, muitas vezes, o dirigente espiritual não verifica com atenção qual é o Orixá ancestral do médium, e com isso não o ajuda a localizar o seu dom. Como sanar essa falha que muitas vezes provoca um bloqueio no médium?

Muitas vezes, bons mediadores se perdem por irem com muita sede ao Cântaro de Água Viva, e não saciam sua sede porque não souberam tirar a água dele e, quando alguém quis lhes ensinar como colher esta "água viva", não quiseram ou não souberam ouvir com atenção. Eis uma falha que tem prejudicado a expansão do Ritual de Umbanda. Está na hora de corrigi-la! Não só pelo benefício que trará ao médium que encontrar o seu dom ancestral místico, como para uma melhor apresentação da própria Umbanda como um todo aberto às mais variadas manifestações dos dons mediúnicos.

É de suma importância que o dirigente saiba disso, porque assim poderá harmonizar sua linha de trabalho com cada médium, fazendo somente o que lhe exige o seu ancestral místico, para melhor conduzi-lo à integração com o seu dom.

Podemos não fazer muito num tempo limitado, mas se o fizermos bem-feito, o pouco se tornará muito para o médium na busca pela sua integração.

Temos certeza de que, com o passar do tempo e a consequente expansão do ritual umbandista, virão muitos outros ensinamentos a respeito do Dom Ancestral Místico de Incorporação Oracular.

Isso se solidificará mais na terra e no astral, formando a mais poderosa linha de trabalho espiritual: a Linha de Lei ou Lei de Umbanda, tão pouco conhecida, mas tão temida por outras religiões. E isso porque revelou apenas uma parte, muito pequena, do seu poder de atuação sobre os espíritos encarnados.

Imaginem se todos os seus mistérios sagrados fossem revelados de uma só vez. Os espíritos encarnados não conseguiriam absorvê-los! Melhor assim! Aos poucos o astral vai pingando um pouco de "água viva" neste cântaro, que é a Sagrada Umbanda. Somente um pingo dessa "água" é capaz de saciar a sede de muitos sedentos do saber sagrado dos mistérios divinos.

Olorum – Deus
O Criador de Tudo e de Todos

Olorum é o criador do Universo.

Olorum, ou Olodumare, é o próprio Princípio Criador em eterno movimento, Fonte de tudo o que os nossos sentidos podem perceber, e também do Cosmos Infinito.

Dentro do ritual umbandista, Olorum é Deus e, como tal, não é possível imaginá-lo sob uma forma física, algo que pudéssemos ver. Olorum não é isso. É o Princípio de Tudo e está em tudo o que Criou.

Como o Princípio Criador, nós somente podemos imaginá-Lo uma Fonte Criadora que, ao emanar Sua força, Cria a Vida e o próprio Universo que, por sua vez, ao recolher Sua emanação após todo um ciclo, integra essa mesma emanação em seu todo como força atuante.

Este é o mistério do Criador de Tudo e de Todos.

Nós, como espíritos emanados pelo Princípio Criador, recebemos o "fator" dos Orixás em nossa partida, e de um deles recebemos o ancestral místico. Em nossa evolução através de um dos elementos, rumamos ainda sem uma forma definida, tanto aos olhos da matéria quanto aos do espírito. Os únicos que podem observar essas centelhas são os Orixás, os seres divinos que regem as leis do Universo. Através dessas forças é que vamos sendo encaminhados a um plano apropriado para nossa evolução.

Os espíritos, como todo ser vivente, trazem um código genético divino.

Os grandes mentores do plano espiritual já têm codificada essa herança genética, mas somente o tempo vai mostrar qual aspecto irá predominar no espírito: uns têm como predominante o Amor; outros têm como predominante a Lei, Fé, Saber, Justiça etc.

Como isso pode ser explicado, sem imaginarmos um princípio criador? Do nada, nada surge! Somente se houver uma fonte é possível brotar algo.

Esta fonte é Olorum! Algo que não nos é possível imaginar, e que, como Princípio Criador é impossível de ser penetrado. Isso é o que chamamos "Olorum", o Princípio de Tudo, o senhor Deus de todos nós.

Olorum rege tudo no Universo. Nada escapa às leis imutáveis do Princípio Criador.

Como centelhas emanadas do Criador, temos que, após nossa "evolução", retornaremos a Ele.

Trazemos gravados em nosso mental Sua herança. A nós compete, em nossa caminhada evolutiva, equilibrar sempre esta herança e desenvolvê-la.

Não é possível determinarmos o tempo necessário para que isso se realize. Mas isso não importa a Olorum, o Criador, pois onde quer que estejamos, estaremos n'Ele.

Olorum é o Princípio Criador e, por sermos centelhas emanadas por Ele, trazemos as Suas próprias defesas.

Isto é o Princípio Divino! É Olorum em Sua magnífica e imensurável obra.

Quando o homem excede sua função dentro do organismo vivo que é a Terra, ela recorre ao seu cirurgião, o Criador, para remover as causas da doença, ou do desequilíbrio. Por isso estamos sujeitos a leis que regem tanto o nosso corpo, quanto nosso espírito e nosso planeta.

O mesmo Deus que rege o planeta em que vivemos rege todo o Universo. Isto é Olorum, o Criador!

Ele, a exemplo do corpo humano, possui Seus mecanismos de defesa, que agem instantaneamente, assim que algo se desarmoniza.

Olorum é um princípio vivo que não precisa de agentes externos para fazê-Lo reagir. Ele Se defende a partir de uma alteração qualquer em Seu todo. Olorum é a Perfeição! E nós somos as centelhas emanadas por Ele.

O homem, na busca incansável do Saber, chegou à codificação de sua própria herança genética. Perguntamos: onde ele encontrou essa informação?

Não foi numa célula? Não foi numa partícula do corpo humano?

Pois, então, aí está Olorum! Ele tanto é o micro quanto o macro. A herança somos nós mesmos, emanação d'Ele.

Se quisermos encontrar o Criador Olorum, temos que procurá-Lo primeiramente em nós. Somente depois poderemos entender as leis que regem o Universo.

Olorum é o princípio que rege tudo e todos. E como Ele é "O Perfeito" e O Único Regente da Vida, temos que amá-Lo e respeitá-Lo como o Doador da Vida.

Muitos, ao seu tempo, codificaram leis que nos levaram para mais perto do Princípio Criador, Deus. Mas nunca explicaram o Princípio Regente do Universo. Nem o princípio perfeito que nos rege foi bem explicado.

Nosso espírito traz em si princípios criadores e, a exemplo das borboletas que têm que deixar o casulo para voar, precisamos do corpo físico para nos desenvolver.

Quando encarnamos, é o corpo que vai sustentar o espírito para que, quando este se libertar, possa dar os seus "voos". Mas muitos, após deixarem seu corpo, não conseguem voar porque estão atados ao casulo carnal. Quando isso ocorre, dizemos que esta vida foi inútil, porque não permitiu ao nosso espírito alçar seu voo rumo ao Criador Olorum.

Mas isso ocorre porque alguns dos Seus princípios foram distorcidos por nós. Para estarmos em harmonia com Olorum, o Criador, não podemos desafiar Suas leis.

Olorum, ou Deus, não é algo que possamos imaginar sob uma forma física. Um princípio é como uma lei, não tem forma, apenas ação.

Olorum é tudo o que podemos imaginar, e muito mais. Ele está na menor partícula que pode existir no Universo, e também na maior ou no próprio Universo. O Universo é seu corpo e nós somos células deste organismo perfeito. Vamos amá-Lo e respeitá-Lo como Ele é: o Princípio da Vida! Vamos respeitá-Lo e às Suas leis imutáveis, que assim chegaremos mais rapidamente ao plano celestial que Ele nos reservou.

O espírito, ou alma, não dorme ou desaparece após a morte do corpo físico. Os tolos que alimentam esta ilusão desconhecem Olorum, o Criador de Tudo e de Todos.

Na Umbanda, Olorum é O Princípio, e os Orixás são seus agentes executores das leis que regem tanto a vida quanto a Natureza. Os Orixás não são deuses no sentido vulgar que muitos lhes querem dar. Os tolos que difundem essas descrições parecem não saber que não estamos mais no tempo em que as trevas da ignorância prevaleciam sobre a luz do saber. Hoje entendemos Olorum, o Criador de Tudo e de Todos, e também os Orixás senhores da Natureza, as emanações de Olorum que nos guiam rumo ao nosso plano futuro e regem nossa evolução.

O Ritual de Umbanda é isso: muito saber a ser descoberto! Muita luz ainda por vir. E isso é só o começo. Quando isso se difundir, acabarão os dissídios entre os homens, porque quem conhece as leis que regem o Princípio Criador não as desafia, pois sabe que elas autoexecutam-se. Como princípios vivos que são, estas leis não precisam de juízes, e quem as transgride é automaticamente punido pela própria transgressão.

Tudo isso é o Princípio Criador, Olorum.

Mas Olorum, além de ser a Lei, é o Amor. Amor este que se traduz por um sentimento de ponderação. Aquele que ofende ou desrespeita o objeto amado, em verdade não o ama. Está sendo movido apenas pela paixão, não pelo amor.

A paixão é aquilo que os fanáticos entendem por amor, seja a uma causa, a uma pessoa ou a Olorum. O Amor a Olorum é que equilibra o espírito humano, assim como toda a Criação.

Somente a Razão não nos aproxima do Princípio Criador. A Razão precisa estar em harmonia com o Amor. É através de um ato de amor que a vida nos é concedida, e é por este mesmo amor que o Princípio Criador nos mantém com tantos recursos da Natureza.

Não podemos penetrar em Sua essência, pois isso é impossível, mas podemos senti-La pulsando em nós mesmos. E somente quem ama de verdade o Princípio Criador Olorum consegue senti-Lo.

Quem O ama não O ofende com a ignorância que impera entre os homens a respeito de Sua natureza. Não importa como O cultuemos. O que realmente importa é que O amemos e respeitemos, como partes do Seu todo. Dentro do Universo, somos criação d'Ele.

Como seres dotados dos sentidos e dons em nossa herança genética divina, temos por finalidade ativá-los cada vez mais, não importando quantas reencarnações sejam necessárias para que consigamos isso.

Mas, desde que conheçamos esses sentidos ou dons, podemos torná-los ativos ainda na carne, sem esperar pelo mundo espiritual para desenvolvê-los.

Quando procuramos o Conhecimento, começamos a adquirir a Sabedoria, que por sua vez desperta a Razão. Essa mesma Razão nos faz procurar o Equilíbrio, ou as leis que regem o Todo. Após muita procura, conseguimos descobri-las.

Tendo encontrado esses princípios, e percebendo que são perfeitos, passamos a ser movidos pela Fé, uma fé inquebrantável em Olorum, o Princípio Vivo. Tendo Fé nesse Princípio, nós passamos a amar a vida como uma dádiva Sua. E, se temos Fé e amamos a Vida, então amamos o Criador Olorum.

Todos nós, em nossas muitas encarnações, encontramos uma opção religiosa à nossa frente.

Nascemos em algum lugar, onde predomina determinada forma de culto a Olorum, o Criador. Existem várias formas de cultuá-Lo. Outros rituais, outras culturas, outras religiões, e em determinado momento nos vem à mente se de outro modo não seria melhor.

O que nos leva a essa indagação não importa. É nesse instante que procuramos o conhecimento. Queremos entender a essência de Olorum, o Criador, e não apenas ter fé n'Ele.

Conhecimento

Eis como se desperta a herança do Criador! Conhecê-Lo é importante, tanto para Ele, quanto para nós. A Ele interessa que O amemos e O respeitemos após conhecê-Lo, pois quem conhece solidifica seu amor. Estes são Seus desígnios sagrados.

Só vivenciamos a Fé pura, aquela que não precisa de explicações profundas, quando nosso espírito está sendo reajustado ou conduzido à senda da Luz Eterna. Quando isso é obtido, em benefício do espírito começa a peregrinação rumo ao conhecimento.

Quando adquirimos o conhecimento a respeito dos muitos meios que Olorum, o Criador, utiliza para se comunicar conosco, passamos à busca da Sabedoria.

Sabedoria

A Sabedoria nos revela os mistérios ocultos e sagrados.

São muitos os mistérios, e a partir daí iremos descobrir qual é o nosso ancestral místico, ou elemento com o qual o espírito foi alimentado.

O espírito é emanação pura do Criador e somente no decorrer de muitas reencarnações é que ele vai absorver os seus fatores opostos, ou qualidades, que predominam nos outros elementos.

Quando nos tornamos sábios, procuramos nos guiar pela Razão ou raciocínio.

Razão

A Razão é que nos ensina como usar o que a Sabedoria nos revelou: seus mistérios, sua força ativa e sua razão de ser.

Passamos então por um novo estágio. Às vezes somos levados à vida religiosa, outras vezes nos dedicamos a ensinar nossos semelhantes na condição de professores, ou somos juízes, ou simples conselheiros, etc.

O modo escolhido não importa. O importante é que estamos usando o saber acumulado em nosso inconsciente com o auxílio da Razão, e não da emoção pura, o que proporciona o Equilíbrio ou Lei.

Equilíbrio

A escolha racional nos leva ao equilíbrio da alma, através do conhecimento da Lei que nos rege.

Esta Lei não é cega nem falível porque, se ensinarmos errado seremos colhidos por ela, que exige muito de quem conhece os mistérios da Razão.

Este Equilíbrio nos diz o que é certo e o que é errado na vida.

Se trilharmos no equilíbrio da Lei, iremos adquirir uma fé indestrutível no que fazemos e no que falamos: tudo o que fizermos ou falarmos terá um sentido. Nada será feito ou dito em vão. Tudo terá sua razão de ser, porque é assim que é. E não adiantará que digam que é de outra forma.

É isso que faz com que aqueles que já adquiriram o seu equilíbrio e se tornaram conhecedores da Lei sacrifiquem-se em benefício dos semelhantes sem nada esperar em troca.

Tudo se resume em servir à sua família, ao seu círculo familiar, à sua comunidade, tanto civil quanto religiosa, e servir a Deus.

Vida

E quando alguém se torna um "equilibrador" de seus semelhantes é porque descobriu o sentido da Vida.

Voltando ao exemplo do corpo humano, sabemos que, para estarmos bem, todos devem estar saudáveis e equilibrados à nossa volta. Não somos órgãos isolados do corpo de Olorum, o Criador. Passamos, então, a nos preocupar mais com o bem-estar do nosso semelhante do que com nós mesmos. Dedicamos um tempo de nossa vida a ajudar na solução dos problemas alheios, e muitas vezes nos esquecemos de nossos próprios problemas.

Descobrimos, assim, o sentido da Vida, e o porquê de termos tudo o que precisamos à nossa disposição. Pedimos, então, que retirem da natureza apenas o necessário, sem destruírem-na, pois aquilo que não serve para uns pode servir a outros, e assim sucessivamente.

Dessa forma estamos nos integrando por inteiro ao nosso ancestral místico. Não nos incomodamos mais com as outras religiões. Nem cor, nem raça nos incomodam mais. Sabemos que tudo é parte do mesmo corpo divino de Olorum, o Criador de Tudo e de Todos.

Olhamos com olhos que buscam nas coisas simples a essência do Criador. Sabemos que uma pedra é tão importante quanto uma montanha; que um copo de água é tão importante quanto um lago. Sabemos também que uma chama é tão importante quanto o sol, e que o pedaço de solo de onde tiramos o nosso alimento, ou sobre ele moramos, é tão importante quanto o resto do planeta.

Como se dá isso?

Simples: umas pedras juntadas ao acaso servem para construir um muro, ou uma casa, ou uma represa. Enfim, nos trazem algum tipo de proteção, assim como as montanhas servem para proteger o planeta, contendo as águas, barrando a força dos ventos, equilibrando-os em si mesmos.

Este não é o momento de explicarmos os mistérios maiores da Natureza, e sim de dizer que tudo é importante. Tudo é obra de Olorum, o Criador.

Assim como um copo de água sacia nossa sede, um lago é fonte de vida na Natureza, e tem sua função regulada pelas necessidades dos seres que dele vivem; uma chama no fogão cozinha os alimentos, enquanto o calor do sol transforma a Natureza em vida através de seus ciclos eternos e imutáveis consubstanciados nas estações climáticas.

Sabemos que tudo é vida, que a própria morte é um ato de vida. Sabemos que, em verdade, nada muda com a morte, que apenas muda a vibração e, por sabermos de tudo isso que o conhecimento despertou, adquirimos uma fé indestrutível no Criador Olorum.

Fé

Sabemos que é Ele, de fato, o fim de tudo. Que por Ele fomos gerados e a Ele retornaremos, não mais na forma de uma pequena centelha, mas sim como grandes seres iluminados.

Acreditamos nesses princípios, e nossa fé é indestrutível. Nada consegue demovê-la. Tudo tem sua razão de ser. Tudo é! Isto é Fé!

É ela que nos faz perceber a grandeza do Criador Olorum, o Princípio de Tudo e de Todos. É esta fé que nos faz transbordar em Amor.

Amor

Amamos a nós mesmos como obra sagrada do Deus Criador Olorum. Amamos a vida dos nossos semelhantes como a nossa própria vida. Amamos a Natureza que nos sustenta vivos e que, após a morte da carne, através de seus pontos de forças, cria condições para a continuidade da existência do espírito.

Então em nós não há lugar para a revolta, o ódio, a inveja ou a paixão. Temos somente Amor. E muito Amor recebemos de Olorum, o Princípio Criador.

Notem que em qualquer ordem que colocarmos um dos sete princípios ele será ativador dos outros seis que trazemos como herança do nosso Criador Olorum. Ao nos aproximarmos de um deles, e se o absorvermos, estaremos absorvendo a todos os outros.

Isto tudo é Olorum, o Criador.

Tudo n'Ele age integrado. Nada é por acaso, tudo tem um sentido.

Se aprendermos com o auxílio dos sete sentidos, que Olorum nos dotou como nossa herança ancestral, estaremos de fato integrados ao seu Corpo Divino. Não seremos folhas soltas ao vento, nem água parada, insalubre. Todos podem saciar sua sede de conhecimento de Olorum, o Criador. Não seremos simples átomos, distantes do seu elemento gerador, mas, sim, seremos parte do Todo Divino.

Não seremos uma luz perdida nas trevas, mas sim luzes emanadas do Criador, algumas vezes colocadas nas trevas para servir como faróis em alto-mar a guiar aqueles que estão em longa jornada e que precisam de um sinaleiro que lhes diga onde estão as rotas perigosas, e qual o melhor caminho a seguir para que levem a bom termo sua viagem evolutiva.

Por que isso? Porque sabemos, e acreditamos com muita Fé, que um dia partimos do Criador Olorum com uma finalidade: engrandecer a Sua Criação. Sabemos que podemos encontrá-Lo em todos os lugares ao mesmo tempo, falando diferentes línguas a diferentes filhos Seus e a todos Ensinando.

Muitas vezes, Ele não é compreendido. Mas não Se incomoda com isso, porque sabe que Se não foi Compreendido numa determinada língua, em outra língua ou em outro tempo Será. Tudo é uma questão de tempo!

Olorum não tem pressa. Ele é "O Perfeito", e nos tem como parte integrante desta obra perfeita que é o Universo.

Você tem alguma dúvida quanto a isso? Então só o tempo lhe responderá de forma mais sábia "Quem" e "O Quê" é Olorum, o Princípio Criador.

Muito mais poderíamos falar a respeito de Olorum, mas quem ainda não conseguiu entender o Seu princípio, não está preparado para conhecer mais a Seu respeito. E quem entendeu o que foi dito aqui é porque já possui um ou mais dos fatores que compõem Sua herança ancestral. E, no seu devido tempo, terá todas as respostas a respeito de Olorum, o Criador de Tudo e de Todos.

Os Pontos de Força da Natureza

Existem locais cujas energias ou cujos magnetismos são mais "puros" e facilitam o contato com o outro "lado" da vida.

Estes locais são chamados de pontos de forças ou santuários naturais porque é neles que devemos realizar cerimônias "abertas" nas quais cultuamos, evocamos e entramos em contato mediúnico com nossos guias espirituais e nossos amados pais e mães Orixás.

- A beira-mar é um ponto de forças natural e é tido como o altar aberto a todos pela nossa mãe Iemanjá.
- As cachoeiras são pontos de forças e santuários naturais da nossa mãe Oxum.
- As matas são pontos de forças e santuários naturais do nosso pai Oxóssi.
- As pedreiras são pontos de forças e santuários naturais do nosso pai Xangô e da nossa mãe Iansã e mãe Oroiná.
- Os cemitérios são pontos de forças e santuários naturais dos nossos pais Omolu e Obaluaiê.
- O campo aberto é o santuário natural das divindades regidas pelo tempo, entre as quais estão nosso pai Oxalá, nossa mãe Logunan e nosso pai Oxumaré.
- Os caminhos são o ponto de forças do nosso pai Ogum.
- Os lagos são os pontos de forças e os santuários naturais de nossa mãe Nanã Buruquê.
- As matas e bosques à beira dos lagos e rios são os pontos de forças e os santuários naturais da nossa mãe Obá.
- Os jardins, a beira-mar e as cachoeiras são os pontos de forças dos erês ou encantados da natureza.

- As encruzilhadas são os pontos de forças dos nossos irmãos Exus de lei de Umbanda.

Enfim, muitos são os pontos de forças naturais existentes à nossa disposição para cultuarmos, oferendarmos e evocarmos nossos guias e nossos pais e mães Orixás, mas neste livro nos limitaremos a apenas alguns deles e aos seus guardiães divinos.

Oxalá – A Fé
A Luz que Equilibra a Humanidade

Falar de Oxalá é falar de algo que é para ser sentido, não tocado. Oxalá não tem um ponto de força específico na Natureza. Ele é a luz que equilibra a todos nós. Não é possível dizer o que é Oxalá como força divina atuante no globo terrestre.

Ele atua no Ritual de Umbanda como o maior dos Orixás. Seu poder não tem lugar para se manifestar. Todos os lugares são seus. Se vamos ao mar ou aos campos, às matas, às pedreiras, ao campo santo ou às cachoeiras, lá está Oxalá, reinando acima de tudo e de todos.

Seu poder não tem limites e, por ser assim tão poderoso, é invocado para equilibrar manifestações ou para devolver o equilíbrio tanto do espírito quanto do corpo.

A Ele importa o que pensamos ou fazemos. Ao final, todos teremos que prestar contas dos nossos atos à Lei. E Oxalá é a própria Lei em execução.

Muitas lendas tentam explicar algo sobre Ele, mas o que conseguem é fazer uma descrição que é só um reflexo de seu poder de atuação. O que podemos dizer de Oxalá é que é o Logos, o regente do nosso planeta. Sua força de atuação é o Ar e o Tempo. É Ele que nos dá o oxigênio que permite a Vida.

As entidades que trabalham na Linha da Fé do Ritual de Umbanda são todas comandadas por Oxalá. As Sete Encruzilhadas, ou os Sete Caminhos, pertencem a Ele. Qualquer caminho que sigamos, vamos sempre estar em um caminho Seu.

Quando subimos é porque Ele está nos chamando, e quando caímos é porque o desagradamos ou dele nos afastamos.

Ninguém consegue penetrar em seus mistérios. Nunca podemos saber os seus desígnios. Tudo é oculto. Os seus mistérios não são revelados. Quando achamos que penetramos em algum desses mistérios, logo somos surpreendidos, e verificamos que estávamos apenas sendo testados.

Os trabalhos realizados sob as ordens de Oxalá são sempre doutrinadores. As entidades que atuam no Ritual de Umbanda sob seu símbolo, a Estrela de Cinco Pontas, são todas milenares. É muito raro encontrar alguma que tenha desencarnado a menos de setecentos anos.

Por que isso?

É que, após o desencarne e posterior reequilíbrio, um espírito tem que percorrer todas as linhas de força do Ritual de Umbanda para só então poder atuar na Linha de Oxalá, a Linha Branca. Quando a entidade atinge este grau, é porque já conhece todos os pontos de força da Natureza e seus campos de atuação. São de um equilíbrio maravilhoso, suas palavras transmitem um saber que não deixa uma fresta para se contra-argumentar. São de um saber sedimentado com o tempo: O saber da Lei do Equilíbrio e da Fé.

São todos grandes iniciados nos mistérios maiores, e por isso mesmo muito discretos quando atuando no dom mediúnico de incorporação oracular. Geralmente trabalham nos templos como arregimentadores de espíritos ainda não despertos para uma vida superior.

Poderíamos falar muito a respeito das linhas de trabalho que atuam sob as ordens de Oxalá, mas nunca d'Ele próprio.

Podemos dizer apenas que Oxalá é Luz, Vida e Fé. Sua força e seu poder se mostram quando somos movidos pela Fé. Por isso Ele é o chefe da Linha Branca, e esta é a sua cor. Branco porque não recebe influência de nenhuma outra linha de força, e atua de uma forma imperceptível sobre todas as linhas. Branca também é a cor das vestes dos mediadores de Umbanda. Branca é a pemba que é usada para riscar os pontos de concentração de forças dos guias espirituais ou de expulsão de forças negativas que possam estar perturbando o ambiente.

Tudo isto é Oxalá.

Como força cristalina ou do tempo, atua através do Ar, um dos elementos fundamentais. O Ar alimenta o Fogo, pois sem ele não é possível a uma chama permanecer acesa; sem o Ar, a água se torna putrefata, e não pode ser utilizada como doadora da Vida. Que o digam os rios mortos pela poluição, em que a vida desaparece por completo.

Por tudo isso dizemos que o Ar, quanto mais puro, mais é saudável. O mesmo dizemos a respeito de Oxalá: quanto mais puro o ideal, mais próximos d'Ele estaremos. Não são necessários mitos ou lendas para representarmos o seu arquétipo. Simplicidade é sua qualidade maior.

A Fé é o atributo mais apreciado por Ele. A Humildade é aquilo que mais exige de nós. A Bondade é a melhor forma de nos apresentarmos diante d'Ele. Simplicidade, Pureza, Humildade e Bondade são Sua essência. Tudo o mais são formas rituais de cultuá-Lo.

Isto é Oxalá, que também é muito mais.

Quem quiser descobrir como é o Orixá Oxalá, que comece por adquirir os seus quatro atributos fundamentais: Pureza, Bondade, Humildade e Simplicidade.

Iemanjá – A Vida
A Guardiã do Ponto de Força da Natureza, o Mar

Iemanjá, nossa mãe, Rainha do Mar! Senhora da Coroa Estrelada, Orixá Maior doadora da Vida e dona do ponto de força da Natureza, o mar, onde tudo é levado para ser purificado e depois devolvido.

Se um dia ficar provado que a vida começou realmente nas águas, saberemos que foi Iemanjá quem nos possibilitou isso, pois, como todos os outros Orixás guardiães dos pontos de força da Natureza, ela também é uma força atuante regida pelas leis imutáveis do Criador do Universo.

Ela não é uma deusa. É um princípio criativo, doador da vida, que só o Todo-Poderoso Criador conhece.

A Gênese Bíblica nos diz que Deus modelou o homem com terra, mas, para fazê-lo, certamente usou água em seu molde.

Iemanjá é isto, a Água que nos dá a Vida como uma força divina, força esta que já se manifesta na maternidade.

O nosso corpo é constituído em sua maior parte por líquidos. Sem água, não podemos viver.

O planeta Terra é, na verdade, o planeta Água, porque se constitui de três quartos de água.

Como não ver esta maravilha?

Em verdade, não somos feitos só de pó, mas também de água.

Mas, enfim, que cada um olhe o Princípio da Vida como quiser. Isso nada muda! Somos regidos pelas águas. Quando não há água, não há vida, e sem vida nada existe.

Iemanjá é isto, o Princípio da Vida, as águas.

Tanto Nanã quanto Oxum são, por muitos estudiosos do assunto, consideradas como desdobramentos do mesmo princípio divino, o elemento Água.

Quando falamos em Luz queremos dizer Vida, pois a Luz Divina é vida ativa, e a Senhora da Luz da Vida é um dos princípios da Criação. Iemanjá, a Guardiã do Ponto de Força da Natureza, o Mar, é o Orixá que tem um dos maiores santuários. As pessoas que vivem onde há muita água são mais emotivas. O próprio princípio, que atua sobre elas com mais força, as torna assim. Os que vivem em regiões secas ou desérticas são menos emotivos e mais cáusticos.

Tudo gira em torno da Natureza, e nós, como seus dependentes diretos, manifestamos suas influências em nossa maneira de ser.

Quem vive à beira-mar absorve uma irradiação marinha muito forte. Isso o torna mais saudável, menos suscetível a doenças do que quem vive distante do mar. A irradiação marinha, assim como a das matas, é purificadora do nosso organismo.

Tudo isso é Iemanjá, princípio criador da Vida e regenerador do nosso planeta.

No campo de atividade dos regentes da Natureza, existem os seres elementares que vivem no seu interior. A vida desses seres não pode ser muito bem explicada porque eles estão em outro campo vibratório, muito mais sutil que o campo dos espíritos, funcionando de modo muito mais etéreo. Irradiam-se mais, pois são concentrações puras de energia.

Sua reprodução aproxima-se à de células e de alguns micro-organismos. São sempre iguais e não variam na aparência. Atingem um estágio de desenvolvimento adulto após um tempo muito mais longo que o nosso.

Eles, assim como os espíritos que têm o seu ancestral místico no elemento Água, são regidos pelo princípio de vida atuante que nós chamamos de Iemanjá, a mãe da vida.

Os Orixás Menores, aqueles que plasmam uma forma para se aproximar de nós, trazem em si uma integração total com o ancestral místico.

De nada nos adianta negar essa realidade: ou nos integramos no decorrer dos milênios ao nosso dom ancestral místico ou teremos que viver sem um rumo definido, vagando, por milênios.

Negar que existe um plano muito mais sutil que o nosso não responde à indagação que todos fazemos: "De onde viemos, quem somos, e para onde estamos indo?".

Iemanjá é um princípio criador por excelência. Ela não é humana como entendemos tal definição, mas sim um princípio que é regido por leis que ainda desconhecemos. O máximo que podemos fazer é tentar entender algumas dessas leis e nos adaptarmos a elas. Então, e só então, é que um mundo grandioso abrirá suas portas para nós. Aí, sim, começaremos a descobrir a grandeza de Deus.

Falamos que tudo é criação de Deus, e que nós estamos sujeitos às Suas leis. Mas isso não esclarece muito e nos deixa numa situação de meros espectadores da Grande Obra. Mas, quando começamos a conhecer as leis que regem a Criação e sustentam os Seus princípios, adquirimos uma Fé inquebrantável em Deus. Palavras vazias deixam de fazer sentido, não mais precisamos ficar a todo instante clamando por Ele, nem cometendo erros em Seu nome.

Quando conhecemos as leis e forças atuantes, já nos integramos ao ancestral místico, e começamos a vivê-Lo ainda na carne e, de todos os elementos, a Água é o mais rico em princípios e leis.

Do mar é que saem irradiações energéticas salinas que purificam o nosso planeta. Do mar também saem energias magnéticas que imantam o globo terrestre, ou o mantém imantado.

Esta é uma ação permanente. O homem não a pode alterar e ela não depende do homem para existir ou atuar. É um princípio divino e como tal age sobre tudo e todos.

À beira-mar, sobre o mar e dentro do mar, existe um plano etéreo da vida que é habitado por muito mais seres que na face da terra. A vida, ali, atinge a casa das dezenas de bilhões de seres regidos pelo "princípio" Iemanjá.

Todos estamos sujeitos a leis imutáveis.

Quando olhamos o estado de calamidade e miséria a que está reduzido o nosso planeta, ficamos espantados com tanta ignorância. Tudo se deve ao desconhecimento das leis que regem a Natureza.

Nos reinos elementares aquáticos não existem esses problemas. Neles a Lei não é desafiada a todo instante por quem quer que seja. Tudo é regido pelo princípio criador Iemanjá, a Rainha do Mar, Guardiã do Ponto de Força da Natureza Aquática.

Quando vemos a alegria das pessoas no contato com o mar podemos sentir a sua energia equilibradora.

Quão melhor não seria se todos conhecessem esse princípio criador como parte do Divino Criador da Vida e o respeitassem mais? Não é preciso endeusá-lo, bastaria não destruí-lo com os males humanos, que não respeitam a Natureza que lhes dá a vida e os sustenta.

O ponto de força do mar, e sua guardiã, não querem ser vistos apenas como objetos para adoração mística. Querem não ser profanados por aqueles que trazem todos os vícios humanos em seu íntimo. Essas pessoas maculam o mar com aquilo que têm de pior. Por isso o mar é tão fechado em seus mistérios maiores, revelando apenas seus mistérios menores, e assim mesmo parcialmente. É uma forma de defesa de seus princípios sagrados.

Se todo o poder da magia do mar fosse revelado, os homens o perderiam por ignorância e maldade. Isso já foi tentado uma vez, num passado muito distante.

Desse período nada restou, senão algumas lendas que não explicam por que o mar tragou tudo. Usaram sua energia para o mal, e o preço foi a destruição da maioria dos povos daquele tempo. Os mistérios maiores foram encobertos pelo véu do silêncio. Alguns conseguem penetrar nos seus mistérios menores, e quando isso acontece, são vigiados para que não façam mau uso do seu poder.

Aqueles que usam o seu poder para o mal, logo são envolvidos pelas suas forças e lentamente vão afundando, sem perceberem. Mas aqueles que vão até o mar para descobrir os seus mistérios e utilizá-los em benefício dos seus semelhantes por amor ao Criador, são amados pelo mar e dele recebem a força necessária para continuar sua caminhada.

Quem tem origem no elemento Água e é regido pelo Princípio Iemanjá, quando erra no uso do poder mágico do mar, deve ser purificado no sal vivo da Lei.

As entidades que atuam no mar ficam revoltadas quando alguém que conhece os princípios da magia vai até ele para usar a força do seu lado negativo e fazer o mal. Mal este que a pessoa já traz em si, mas que não o demonstra. Então é marcada com o estigma do desprezo, pois o mar é doador da Vida, e não da morte ou de maldades.

Muitos, ao verem as festas rituais à beira-mar, tacham-nas como manifestações de atraso cultural ou paganismo. Terão uma bela surpresa após o desencarne e posterior despertar em espírito.

Até quando o mar tragou para o seu fundo impenetrável os mistérios maiores e deixou apenas os menores à disposição dos homens, suas forças eram adoradas como parte do Todo, com muito respeito e profunda reverência.

As colônias que se formavam à beira-mar tinham um respeito místico por esse ponto de força da Natureza, e reverenciavam a sua guardiã como uma deusa: a Deusa do Mar.

Estavam bastante próximos do Princípio Iemanjá, mas, por desconhecerem seus mistérios maiores, muitos erraram. Ainda hoje muitos erram no uso de seu poder.

As falanges de espíritos benfeitores da humanidade, aqueles que já não reencarnam, sabem como usar a irradiação do mar, sabem como tirar suas essências e fazer "remédios" eficazes contra muitas doenças da matéria e do espírito. Mas, por ignorância dos homens, esses remédios não são revelados. Do mar o homem pode tirar quase tudo o de que precisa para viver!

A quantidade de água dentro do planeta não aumenta nem diminui. Essa quantidade foi estabelecida pelo Criador e colocada à disposição da sua criação. Por ser um dos elementos que compõem a Terra como um planeta, sua quantidade é inalterável.

Façam o que quiserem com a água, e não conseguirão alterar sua quantidade, assim como não conseguirão alterar a quantidade da parte sólida, a terra.

Esse é um mistério que rege nosso planeta. Se todos conhecessem ao menos alguns dos mistérios menores e os respeitassem, este seria um planeta feliz, e o Criador iria nos dar muito mais.

Tolos são aqueles que se apegam às abstrações materialistas, e com isso tentam dominar seus semelhantes. A eles o Mundo Maior fecha seus portais do Saber, e nada revela. Deixa que vivam na ignorância a respeito da natureza do Criador. Em Sua generosidade para conosco, Ele se revela apenas pela Fé; Sua natureza é ocultada.

Muitos vivem se questionando sobre se estão certos ou errados ante as Leis Sagradas. Pensam na religião de forma obsessiva. Apresentam Deus como um ser intocável, e não veem que Ele está à vista, basta olhar à volta e O encontrarão nos próprios semelhantes.

Às vezes por só conhecerem parte de um mistério menor, cometem as maiores afrontas ao Criador, crentes que O estão servindo. Olhem para o mar e verão Deus. Olhem para os rios e verão artérias conduzindo a essência da vida. Olhem para o mar e começarão a descobrir os mistérios da Natureza. Olhem-no, e conhecerão os seus encantos e magia.

Descobrindo o seu encanto e magia, irão conhecer o outro lado da vida. O mar é alimentador da vida, e para lá se dirigem milhares de espíritos após o desencarne, à procura de paz. Lá encontram um campo vasto para viver em paz.

Tudo isso é Iemanjá, a Rainha do Mar, Guardiã do Ponto de Força da Natureza, o Mar.

Mas é muito mais! É também a manifestação do princípio da vida se derramando sobre todos nós, como uma mãe sempre disposta a ouvir os lamentos dos seus filhos.

Iemanjá é um Orixá na Umbanda.

Como Orixá, tem sob sua direção milhares de falanges de espíritos que trabalham incessantemente pelo equilíbrio da humanidade.

Quanto àqueles que trabalham no Reino das Águas, tanto no seu lado positivo como no negativo, atuam sempre procurando manter o equilíbrio no astral. Dificilmente encontraremos entidades do seu lado negativo atuando para desequilibrar alguém. Não que não possam ou que não o façam, pois o campo é livre tanto para a direita quanto para a esquerda. Mas, devido à consideração que todos têm para com Iemanjá, a mãe acolhedora, geralmente não utilizam os seus aspectos negativos. Se ela é uma mãe ciumenta dos seus filhos, também é uma mãe que não perdoa o erro daqueles que vão até seu ponto de força na natureza, os mares, para fazer o mal.

Que todos os que se interessam pelo Mar comecem a olhá-lo com o respeito merecido, e logo verão como é bom ser bem recebido pelos que lá vivem, ainda que num plano invisível para nós, embora nós não o sejamos para "eles".

Que a amorosa mãe Iemanjá derrame seus fluidos de paz sobre todos os que forem até seu ponto de força, e que possam conhecê-La melhor, para que, assim, possam começar a conhecer melhor o próprio Criador de Tudo e de Todos!

Ogum – A Lei
O Equilíbrio entre a Luz e as Trevas

Vamos começar este capítulo dizendo que Ogum é o guardião do ponto de força que mantém o equilíbrio entre o que está no alto e o que está embaixo, o positivo e o negativo, a Luz e as Trevas, a paz e as discórdias. Por isso ele é chamado de "Senhor das Demandas".

Seria necessário um livro com muitas páginas para contarmos o que é Ogum. Como não é possível, vamos falar algo sobre seu ponto de força, e como age.

Tudo no mundo gira em torno do equilíbrio entre Luz e Trevas, Bem e Mal, positivo e negativo, alto e baixo, direita e esquerda, etc.

Se uma pessoa assume uma forma contemplativa de vida, está se colocando como mero observador do desenrolar do dia a dia da humanidade. Como não é possível nem aconselhável assumir tal postura, o melhor a fazer é procurar Ogum como nosso guia de viagem na senda da Luz. Ele sempre nos avisará quando sairmos da linha de equilíbrio que divide Luz e Trevas.

Tudo é regido por uma lei imutável, a Lei do Criador. Essa Lei é um meio para que nos mantenhamos na linha do equilíbrio, para que possamos evoluir.

Quando ultrapassamos seus limites, encontramos Ogum pela frente. Sendo o Orixá que vigia a execução dos carmas, tem sob suas ordens tanto a Luz como as Trevas. É o senhor que vigia os caminhos, tanto para cima como para baixo. Sem Ogum, a Justiça de Xangô não seria executada, e o equilíbrio não seria restabelecido.

Assim, Ogum também é um executor do carma.

Seu campo de ação se estende pelos sete círculos, tanto os ascendentes quanto os descendentes. A partir desses dois limites, impera a

Lei do Criador. Se para baixo, cai nos domínios sem retorno ao nosso plano. Sua alma retorna a um campo de atuação que não nos é revelado.

Sobre esses campos, tanto na Luz como nas Trevas, nada é permitido saber, e nada é revelado.

Quanto ao campo de ação de Ogum, veremos qual é, e como atua.

O campo de Ogum é composto do impulso que nos move para alguma direção. O impulso que nos faz lutar por alguém ou alguma coisa, não importa o que seja, pertence ao campo de Ogum. Quando auxiliamos, temos Ogum atrás de nós para nos guardar. Porém quando odiamos, temos Ogum à nossa frente para nos bloquear.

Nesse ponto é que se mostra a força de Ogum.

Como Guardião do Ponto de Força da Lei, abrange a todos, e tudo que alguém fizer envolvendo magia ou ocultismo será anotado por ele, para posterior julgamento junto ao Senhor da Lei, que é Deus.

Quando a Lei quer recompensar, é Ogum quem dá. Mas quando quer cobrar, é seu lado negativo quem executa.

Quando caminhamos rumo à Luz, Ogum está à nossa direita; quando rumamos para as Trevas, ele apenas inverte sua posição, mas não o lado. Portanto, ele estará à nossa esquerda.

Quem tem Ogum à sua direita, está à direita do Criador; quem tem Ogum à sua esquerda, logo sofrerá o choque de força da Lei, pois, como seu executor, Ogum aguarda apenas o momento certo para executá-La. Muitos se enganam ao não vigiar suas próprias ações.

Ogum é mais! Como ordenador divino, independente de qualquer ritual, ele age sem uma forma plasmada, apenas como energia. Eis um dos seus mistérios. Ogum não age sob uma forma definida, mas como energia. Tanto atrativa quanto repulsiva. Quando atrativa, o executado tem um longo período de provação e sofre os choques oriundos das Trevas em toda sua força de resgate de dívidas passadas. Quando repulsiva, ou repelente, a pessoa é amparada pela Lei, e tem Ogum como protetor, aparando os choques das Trevas. É como um escudo protetor: Ogum "luta" para não deixar cair quem ele está protegendo.

Os casos em que médiuns, após sofrerem um choque de magia negra, têm suas forças espirituais abaladas, significa que sua linha de força, o seu Ogum "pessoal" está em luta contra as forças negativas envolventes que têm por fim destruí-lo.

Ogum também é isso: defesa contra as forças destrutivas oriundas das Trevas. Enquanto o Orixá Ogum pessoal estiver em luta, o médium estará em segurança. Se ele se afastar, o médium cai.

Este é o momento da autocrítica, momento de prestar atenção ao que está ocorrendo ao seu redor e descobrir se é somente um choque ou se é uma cobrança de dívidas passadas. Se for apenas um choque, ele será dominado facilmente. Mas, se for uma cobrança do passado, somente com muita paciência será superado o período de provação. Quando o médium não atenta para isso, fica desequilibrado e se afasta da senda da Luz.

Ogum também é o vigilante do caminho daqueles que empreenderam sua caminhada pela senda da Luz. E é mais ainda. Ele é atuante nos reinos elementares, não mais como entidade atuante, mas como ordenador elementar. Eis mais um de seus campos de ação como guardião do ponto de força entre o positivo e o negativo.

Seus mistérios são muitos e quase todos desconhecidos. Quem conhece a décima parte de seus atributos é um sábio, quem conhece uma fração a mais é um iluminado, e quem conhece um pouco mais, é um ungido.

Ogum, como nós o conhecemos na Umbanda, é apenas a manifestação de um dos seus mistérios. É apenas um dos seus mistérios, que se multiplica por sete, os quais se multiplicam por outros três.

Difícil de entender? Talvez. Vamos tentar esclarecer: se um médium tem como Orixá de frente Iemanjá, terá como linhas atuantes no ponto de força do equilíbrio três Oguns: Beira-Mar, Marinho, e Sete Ondas, todos recebendo influência direta de Iemanjá, sem deixarem de ser Oguns. São os entrecruzamentos das linhas de força da Umbanda, todas atuando em harmonia, mas cada uma com seu ponto de força bem definido.

Se buscarmos todas as linhas que Ogum emana para os outros Orixás, vamos encontrá-las sempre atuando conforme o ancestral místico e os Orixás de frente e juntó.

Senão vejamos:

Ogum Beira-Mar mantém o equilíbrio entre a Água e a Terra; Ogum Sete Ondas mantém o equilíbrio entre a Água e o Ar; Ogum Marinho age no elemento Água propriamente dito. Todos são Oguns, mas cada um tem o seu campo de ação.

Vamos mostrar outro campo de ação de Ogum. Todos os Orixás têm os seus opostos negativos, que representam o equilíbrio das duas forças, positiva e negativa, agindo em harmonia quando o médium está equilibrado. O negativo são os Exus de Lei, ou Exus ligados aos Orixás.

Quem é o elo de ligação dessa corrente senão Ogum?

Há uma diferença muito grande entre o Exu da Umbanda e o da Religião Africana Original, ainda cultuado em sua antiga forma. Exu é o elo comunicante entre o Orixá e o médium. Os Exus de Lei da Umbanda são entidades atuantes no nosso plano como agentes carmáticos, sob as ordens de Ogum, o dono ou Guardião do Ponto de Força do Equilíbrio.

Todos os guias ou mentores trazem consigo Exus em evolução, liberados para atuarem junto ao médium nos seus trabalhos. Mas quem anota o que essas forças fazem é Ogum, o Guardião da Lei Maior.

Se um médium sabe quem é o seu Orixá pessoal, saberá qual é o Ogum atuante e os auxiliares que se integram no cruzamento de linha de força, e assim saberá quais são os Exus que atuam à sua esquerda.

Se um médium vive sob o domínio das emoções, entidades à sua esquerda, e que atuam neste campo, vão adquirindo cada vez mais força sobre os seus sentidos, escapando ao guardião do equilíbrio, o seu Ogum. Este, por conhecer o médium à sua disposição, deixa que o tempo o corrija ou o anule como mediador entre os dois planos. Se nada fizermos para nos corrigirmos, Ogum também nada poderá fazer. Ele tem influência sobre o Exu pessoal, mas não age sem que o médium assim o queira.

Todos os Orixás têm os seus Exus correspondentes, e os Oguns que atuam para equilibrá-los. Não devemos nos esquecer disso, pois Ogum também é isso.

O campo onde Ogum age como ordenador é o campo da Lei Maior. Se alguém vai a um ponto de forças negativo, encontrará ali Ogum vigiando-o. Toda demanda feita é anotada pelos guardiães dos pontos de força. Quando alguém pensa que não será descoberto por fazer um trabalho às escondidas contra alguém, Ogum já o anotou e sua má ação é inscrita no seu carma para posterior cobrança, promovendo o equilíbrio nas suas ações futuras.

Ogum é o Orixá que mantém ligação com todas as linhas de Exus de Lei e seu campo de atuação é imenso. Nenhum Orixá tem um campo de ação igual ao outro, pois são linhas de força atuando sobre espíritos, tanto encarnados quanto desencarnados. E o campo de Ogum é este: o campo dos sentidos humanos. Desejo, inveja, ódio, vingança são sentimentos condenáveis que sempre causam ações negativas por parte de quem os alimenta. É nesse ponto que Ogum começa a agir com sua força cármica anotando as ações para posterior cobrança e reequilíbrio.

Que ninguém se esqueça disso quando pensar em fazer o mal ao seu semelhante.

Oxóssi – O Conhecimento
O Guardião do Ponto de
Força da Natureza Vegetal

Quando falamos em Natureza, logo nos vêm à mente as florestas, as matas e os bosques, enfim, tudo o que é puro, ainda não destruído pelas ações do homem, racional, mas predador por excelência.

Quando falamos em Oxóssi, logo nos vêm à mente os caboclos.

Na Umbanda, os caboclos têm uma função relevante, pois são eles que assumem a frente nas linhas de trabalho dos médiuns. Os caboclos são o elo de ligação do médium com os Orixás.

Tudo o que dissermos a respeito dos caboclos será pouco em relação ao intenso trabalho que realizam.

Muitos pensam que eles são somente os guias altivos e altruístas da Umbanda. Nada disso! A realidade é bem diferente.

Os caboclos de Oxóssi são todos doutrinadores no astral. Seu campo de ação é imenso. Temos caboclos trabalhando em todas as sete linhas, cada uma com uma vibração própria. Existem centenas de nomes de caboclos. Muitos são conhecidos, famosos mesmo, outros quase não se apresentam por seus nomes.

Cada mediador de Umbanda tem em sua linha de força um caboclo doutrinador, muitas vezes desconhecido do próprio mediador.

E por que acontece isso?

Porque o trabalho desses doutrinadores raramente é realizado quando estão incorporados.

Esta qualidade só é mostrada ao médium quando o mesmo firma suas linhas de força para o trabalho de choque. Só então lhe é revelado o verdadeiro doutrinador que o acompanha, e que traz consigo uma infinidade de outros espíritos com essa função, muitos doutrinados recentemente. Quantas entidades que se apresentam como baianos, boiadeiros, marinheiros ou Exus não foram doutrinados por caboclos?

Nas linhas de caboclos estão ocultos sob formas plasmadas grandes sacerdotes desencarnados já há muitos séculos, muitos sábios, filósofos, professores e sacerdotes dos mais variados rituais, alguns já em fase de extinção.

Vamos explicar mais um pouco o que é a Umbanda e suas linhas de força no astral.

O movimento dessas linhas de força envolve todo o globo terrestre.

Se por acaso um mediador estiver no continente europeu, e for a uma cachoeira fazer uma oferenda à Orixá Oxum, uma infinidade de espíritos, que não militam no movimento umbandista que se faz no Brasil, acorrerão para assistir, pois lá como aqui o ponto de força da Natureza sob a guarda da Orixá Maior Oxum, a cachoeira, tem à sua volta legiões de espíritos afins.

Não é só no Brasil que a cachoeira é um ponto de força da Natureza, no mundo todo ela o é.

Então, voltando às matas e aos caboclos que incorporam nos mediadores, chegamos ao Orixá Oxóssi, um dos ancestrais místicos, essência pura do Criador, que atua através do ponto de força da Natureza, as florestas.

Sob o domínio de Oxóssi existem milhares de falanges de trabalho, todas elas com suas ordens e campo de ação próprios.

Para quem tem o dom da vidência, é lindo entrar em uma mata e ver a infinidade de espíritos que ali habitam. Não são apenas de "índios", mas uma infinidade de espíritos. Isso porque as árvores em particular, e as plantas em geral, emitem uma radiação astralina positiva, energizadora, purificadora e curadora.

Complicado? Nem tanto.

As matas emanam uma energia etérea que é muito utilizada para curas espirituais. São as essências etéreas das ervas que lá existem, e que são usadas pelos espíritos na cura das almas doentes. Almas estas que ainda sentem os efeitos das doenças materiais, ou doenças do corpo humano carnal que já possuíram.

Vejamos os índios: quando foram encontrados pelos europeus, não tinham as suas doenças contagiosas, nem sofriam das chagas que os brancos europeus tinham, e não sabiam como curá-las.

Isso se deve à poderosa radiação que emana das árvores, e que torna o ar saudável, não propagador de doenças. Sua poderosa radiação atua através dos poros, tornando-os impregnados de fluidos puros e eliminadores de certas bactérias.

Certos rituais naturalistas dizem que ao abraçarmos uma árvore esta absorve todas as energias negativas ao redor de nossa aura.

O contato com a água de cachoeira limpa a aura, assim como o mar também a limpa e fluidifica. Mas o contato com as árvores limpa, fluidifica e impregna os nossos poros e chacras com o seu fluido, que age como um poderoso antibiótico contra as larvas astrais.

Aí reside o mistério do poder regenerador das árvores.

Certas plantas, tais como as rosas, são emissoras de radiação benéfica, mas de efeito pouco duradouro e, como a arruda, são muito sensíveis às cargas de radiação negativa e podem morrer se a descarga for muito forte.

Já as árvores não. Elas absorvem a carga de radiação negativa e a descarregam na terra ou lançam-na no ar, onde ela se desfaz. A seguir começam a emitir os seus fluidos benéficos que aos poucos vão nos impregnando com seu poder curador.

Por que os passeios em bosques são tão bons?

Por tudo o que foi dito. O efeito se faz sentir sem que as pessoas percebam. É a Natureza agindo em benefício de quem não conhece o seu poder benéfico, e até a destrói quando dela se aproxima. Quantos não pisam ou arrancam pequenas mudas de árvores quando caminham nas matas? Se soubessem o dano que estão praticando, não fariam isso.

As árvores não só são purificadoras do ar, como também são emissoras de fluidos etéreos vivificantes, que são levados pelas correntes energéticas espirituais que alcançam não só a crosta terrestre, pois penetram em outras dimensões da vida.

Essas correntes energéticas espirituais fazem circular no sentido sul-norte, através do campo magnético, os fluidos etéreos que purificam a crosta terrestre, e no sentido norte-sul, os fluidos etéreos que a vivificam.

Quando no sentido sul-norte, as correntes contínuas vão purificando o globo e todas as irradiações pesadas são diluídas. São correntes magnéticas espirituais de uma força não mensurável pelo homem. Num futuro longínquo, quando uma nova era chegar, detectarão essas correntes através de aparelhos sensíveis. Mas, até lá, muitos duvidarão de sua existência. Quando no sentido norte-sul, elas vão derramando sobre a crosta fluidos microscópicos que são em grande parte absorvidos pelas plantas durante a noite. Isso faz com que as plantas mantenham uma "aura" forte, e que sejam utilizadas por milhões de seres elementares da Natureza, que absorvem sua seiva vital etérea como alimento. Qual é o alimento que por si só, sem adição de mais nada, pode se comparar ao mel das abelhas (que o produzem a partir de uma pequena parte das plantas, o pólen das flores)? Não há outro alimento tão perfeito. Não se deteriora, não apodrece, não cheira mal, apenas se cristaliza.

Eis o poder das matas, das plantas em geral e das grandes florestas.

Tudo o que foi comentado até agora, foi para podermos explicar o campo de ação de Oxóssi, o Guardião do Ponto de Força da Natureza, as Florestas. Seu campo é o Vegetal. Nas matas sua energia é extraordinária.

Voltando aos caboclos, eles são os agentes de Oxóssi, a força cósmica, o guardião místico ancestral do ponto de força da Natureza, as matas.

Os caboclos são espíritos já com alto grau evolutivo, oriundos de todos os povos.

Encontramos caboclos índios verdadeiros, e também aqueles que plasmam esta forma por causa da afinidade que têm com as matas.

Um árabe, criado no deserto escaldante, não é um "índio". Mas os templos de Umbanda os recebem aos milhares pois, com o saber dos séculos e depois de doutrinados pelos Orixás menores de Oxóssi, tornam-se bons guias espirituais.

O mesmo acontece com religiosos de outras partes do planeta que, quando necessário, plasmam essa forma para melhor desempenhar suas funções dentro do Ritual de Umbanda.

Eis por que esses guias não falam uma palavra sobre ou contra outros rituais, e os filhos de Umbanda não têm qualquer preconceito religioso ou de raça. Nos seus templos, todos são aceitos. Tanto faz quem venha até eles, o importante é o que os levou até ali. Isso é o que importa!

Se outras religiões quisessem, aprenderiam muito com o Ritual Sagrado de Umbanda.

A primeira coisa que aprenderiam seria a reverência para com toda a Criação Divina. A segunda seria a caridade sem limites, tal como os mediadores a praticam. Não olham o risco que correm ao lutar contra as forças das Trevas. Isto sim é caridade!

Isto é o que fazem os médiuns de Umbanda: quando faltam forças a alguém, eles o auxiliam até que ele se refaça. Depois que a pessoa já está fortalecida, eles se afastam sem exigir que ela se converta ao seu ritual. A caridade não tem preço, nem recompensa material e não implica conversão religiosa das pessoas.

Temos também a humildade: para praticar o seu ritual precisam apenas de um templo simples, que possa acolher os muitos mensageiros espirituais.

Onde esses mensageiros se manifestam?

No templo vivo, que é o próprio médium.

Eis a humildade maior que alguém pode demonstrar diante do Criador: anular a si próprio para que os "Espíritos Santos", os guias e mensageiros possam cumprir melhor suas tarefas, além de absorver em seus corpos as cargas negativas (para posterior descarga) que acompanham os consulentes. Estes são atos de autoanulação em prol do semelhante que demonstram o que é a mais pura caridade.

Que Oxalá, em toda a sua generosidade, os abençoe sempre, irmãos! Os oráculos vivos um dia terão a sua recompensa no astral.

E com quem eles aprendem tudo isso?

Com os caboclos doutrinadores de Oxóssi, que estão espalhados por todas as sete linhas de Umbanda, atuando em harmonia com os reinos elementares da natureza.

Os espíritos de alta hierarquia são simples e nobres, e gostam da simplicidade do ritual.

Isso é algo que todos deveriam saber.

Oxóssi é isso, e muito mais. É na irradiação benéfica das "matas" que espíritos sofredores são curados, doutrinados e encaminhados às outras linhas de força para que possam caminhar rumo ao Doador da Vida, Olorum!

Xangô – A Justiça
O Equilíbrio da Justiça no Ritual de Umbanda

O sentido com que vamos nos referir à Justiça não é aquele como ela é entendida pelos homens, mas sim como os guardiães dos mistérios sagrados a entendem e executam. Muitos já a interpretaram, como aqui também faremos. Porém procuraremos fazê-lo de uma forma simples, pois nosso desejo é simplificar para aperfeiçoar o que está muito complexo, e não o contrário.

Vamos começar dizendo que existem dois livros: o Livro Branco e o Livro Escuro!

Damos o nome de "Livro" aos dois lados da mesma moeda: a Luz é o Livro Branco; as Trevas, o Livro Escuro. O positivo e o negativo, o alto e o baixo, o amor e o ódio, o bem e o mal, a visão e a cegueira, a criação e a destruição.

Estes são, portanto, os "dois livros": o branco e o escuro, a ascensão e a queda. Tudo o que é escrito em um deles, por nossas palavras e ações, é automaticamente anotado no outro.

O que fazemos na Luz, as Trevas anotam; o que fazemos nas Trevas, a Luz anota. Estes são os dois lados do equilíbrio. Nada passa em nossa vida que não esteja anotado nesses livros.

Todos os homens possuem esses dois lados. Se agirmos com o máximo de timidez e discrição para não sermos notados por seus escribas, provavelmente estaremos registrando nossa omissão nos livros da Lei. Então, devemos procurar entender a Lei do Equilíbrio que rege o Ritual de Umbanda. Vamos a ela:

- Ninguém pode desafiar o Criador sem responder com a anulação do seu livre-arbítrio.

- Ninguém pode desafiar as Trevas sem pagar o seu preço, que é viver o horror dos seus tormentos.
- Ninguém deve usar o poder da Luz em benefício próprio, se antes não conhecer o poder das Trevas.
- Ninguém pode usar o poder das Trevas, se antes não conhecer o poder da Luz.
- Quem vive para a Luz, habita na Luz e reina sobre as Trevas.
- Quem vive para as Trevas, por elas é habitado e padece quando exposto à Luz.
- Quem menospreza as Trevas não conhece o poder de equilíbrio e é um falso conhecedor da Luz.
- Quem menospreza a Luz desconhece o seu poder, e ainda não está preparado para absorvê-la.
- Quem se entrega à Luz, deve sempre lutar contra as Trevas.
- Quem se entrega às Trevas, foge da Luz onde quer que ela exista.
- Quem se furtar a servir à Luz ou às Trevas, pertencerá a quem habita o meio, isto é, a ninguém.
- Quem é de ninguém, e vive no meio, sofre o choque de cima e de baixo; quem é de ninguém, a ninguém pode pedir proteção.
- Quem não tem uma lei a regê-lo, será regido pelos sem lei.
- Quem ama a Luz, pelas Trevas será tentado.
- Quem vive nas Trevas, à Luz terá afrontado.
- Quem serve à Luz, com a Luz será servido.
- Quem serve as Trevas, com elas será servido.
- Quem distribui a Luz, às Trevas terá vencido.
- Quem distribui as Trevas, à Luz terá ofendido.
- Quem à Luz procura, pelas Trevas será confundido.
- Quem procura as Trevas, à Luz não terá conhecido.
- Quem busca as Trevas, pela Luz será abandonado.
- Quem busca a Luz, o poder das Trevas terá sentido.
- Quem foge das Trevas, na Luz será acolhido.
- Quem foge à Luz, o manto das Trevas terá estendido.
- Quem nutre as Trevas, na Luz não será nutrido.
- Quem nutre a Luz, às Trevas já terá nutrido.
- Quem busca o equilíbrio já foi desequilibrado.
- Quem se equilibra, jamais será um desequilibrador.
- Um equilibrador poderá ser desequilibrado, se não tomar cuidado com os seus passos, pensamentos e sentimentos íntimos.

- Quem doar sua luz, a ela terá aumentado.
- Quem apagar a luz alheia, à sua própria estará apagando.
- Quem menosprezar o poder das Trevas, pela Luz será menosprezado.
- Mas quem menosprezar o poder da Luz, pelas Trevas será tragado.
- Quem quiser combater as Trevas, precisará ter a Luz em si mesmo.
- Quem combater a Luz, terá as Trevas à sua volta.
- Quem não se mantém na Lei, pela Lei é marcado.
- Quem pela Lei é marcado, traz nesta marca o seu pecado.
- Quem esconde sua marca tenta ocultar o seu pecado.
- Quem expõe sua marca quer se redimir do seu passado.
- Quem se redime do seu passado trouxe a Lei para seu lado.
- Quem foge da Lei, pela Lei será abandonado.
- Quem desafia a Lei, pela Lei será castigado.
- Quem serve à Lei, pela Lei será amparado.
- Quem se oculta à Lei, pela Lei será ocultado.
- Mas quem revela a Lei, pela Lei será revelado.
- Quem busca a Lei, pela Lei será encontrado.
- Quem encontrar a Lei, irá querer viver a seu lado.
- Quem vive a Lei, à Luz terá encontrado.
- Quem encontra a Lei, às Trevas terá abandonado.
- Mas quem serve a Lei, terá as Trevas dominado, e por elas não será subjugado.
- Quem domina as Trevas, faz delas um aliado.
- Quem usa isso com equilíbrio, já terá se equilibrado.
- Quem não desafia as Trevas, por ela não será atormentado.
- Quem não se serve das Trevas, pela Luz não será incomodado.
- Quem não sofre o incômodo da Luz, pelas Trevas não será castigado.
- Quem caminha com equilíbrio, tanto tem a força da Luz como a das Trevas ao seu lado.
- Quem sofre o choque, tanto da Luz quanto das Trevas, será logo desequilibrado.
- Quem sobe a montanha da Lei, à Lei terá encontrado.
- Mas quem dela foge, é porque a terá desrespeitado.
- Quem não sabe o que está escrito nas Tábuas da Lei, pela Lei será ignorado.

- Quem não compreende o sentido da Lei, não o tem procurado.
- Mas quem o procura, à Lei já deve ter encontrado.
- Quem sabe o sentido da Lei, vive sob o seu legado.
- Quem traz a Lei, é por ela abençoado.
- Quem traz a bênção da Lei, pela Luz é amparado.
- Quem pela Luz é amparado, não caminha para o outro lado.
- Quem pesa a Lei, pela Lei será pesado.
- Quem conhece o peso da Lei, por ela já foi esmagado.
- Quem se levanta diante da Lei, à Lei está submetido.
- Quem se ajoelha diante da Lei, conhece-a, e a ela está subjugado.
- Quem à Lei se submete, está por ela amparado.
- Quem a Lei ampara, jamais será dobrado.
- Quem a Lei dobra, jamais a esquecerá.
- Quem da Lei se esquiva, pelas trevas irá caminhar.

Eis aí alguns mistérios de Xangô, o Orixá da Justiça, o Guardião dos Mistérios da Justiça, Senhor do Fogo, e como tal age quando decide punir os que afrontam à Lei.

Muitos que caminham na escuridão deveriam conhecer Xangô, o Orixá da Justiça Divina. Então descobririam o seu significado: a Lei é como rocha. Mas ninguém caminhará seguro se seu peso estiver sobre seus ombros, e lentamente se sentira aniquilado.

Que todo o mediador entre os dois planos da vida saiba onde está a linha do equilíbrio que deve trilhar para não ser desamparado por Xangô. Como Guardião do Ponto de Força da Justiça, ele sempre estará disposto a nos ouvir. Se a nossa demanda for justa, ele nos amparará; se for injusta, nos esclarecerá. Se ainda assim não o ouvirmos, aos rigores da Lei seremos chamados.

O seu reverso são os rigores da Lei. Sua luz é o amparo, seu fogo é a purificação, pois somente no fogo o minério bruto e imperfeito é fundido para depois ser amoldado. Tendo têmpera, será então remodelado, e à Lei se submeterá.

Que ninguém use os mistérios da magia para prejudicar a quem quer que seja, porque senão irá passar pela balança de Xangô, o Orixá da Justiça. E o peso da Lei atira qualquer um nas Trevas. Que todos saibam que os Orixás que incorporamos sob os nomes de "Xangôs" são os mesmos que pesam as nossas ações, boas ou más, não importa.

O que importa realmente é nos aconselharmos com eles. Eles não se negarão a nos ensinar tudo sobre o Livro Branco e o Livro Escuro.

Talvez, de todos os Orixás, Xangô, apesar de sério e calado, é quem mais goste de "falar" sobre a Lei. Todos que tiverem paciência para procurá-lo, serão lentamente envolvidos por seus fluidos energéticos equilibradores e serão esclarecidos.

Que ninguém atire uma pedra em seu semelhante, pois poderá estar afrontando o Senhor da Justiça. Que ninguém demande contra o semelhante, pois poderá estar demandando contra o próprio Senhor da Justiça Divina.

Se todos procurassem conhecer os mistérios de Xangô, iriam agir com equilíbrio para não serem inscritos no Livro Escuro. Quando alguém é inscrito nele, será executado de acordo com o que foi anotado no Livro Branco.

Eis por que existe o Xangô da Pedra Preta e o Xangô da Pedra Branca. O da Pedra Branca ampara, enquanto o da Pedra Negra executa. Existe também o Xangô das Cachoeiras que purifica, assim como o do Fogo, que queima o que há de ruim em nós, como também o da Terra, que ampara os que caíram, aguardando que despertem. Existe também o dos Raios, que é quem nos traz as leis divinas do Alto até a terra, assim como o Xangô do Tempo, aquele que julga a duração das penas da Lei.

Estas são algumas formas de agir do Guardião da Justiça.

Que ninguém desafie a Lei Divina, senão encontrará muitas pedras no seu caminho. Todas elas colocadas pelo Senhor Xangô, o Orixá da Justiça e do Fogo Purificador dos Pecadores.

Iansã – A Lei em Ação
*O Orixá que faz do Tempo
seu Campo de Atuação*

O Tempo é a execução da Lei para aqueles que subverteram seus princípios básicos.

Todos nós estamos sujeitos ao julgamento da Lei. A todo instante a Lei está se fazendo executar, tanto na forma de castigo como de recompensa.

As almas daqueles que deixam o corpo vagam pelo Tempo à procura do seu plano vibratório. Muitas não se conformam com o plano a elas reservado após o desencarne. Quando descobrem que não há alternativas, começam a ser trabalhadas pelo Tempo.

O Tempo age de forma imperceptível sobre as almas, conduzindo-as conforme os desígnios dos executores do carma.

Aos que aceitam passivos a execução da Lei, o Tempo é generoso. Mas aos que se revoltam contra a sua sentença, o Tempo os paralisa, colocando-os num plano em que nada existe além de escuridão e um frio petrificante.

O Tempo é a própria sentença em execução.

Quando temos pesados débitos para saldar, o Tempo é eterno no astral. Chegamos a perder o contato com a realidade das coisas, e ficamos vagando na escuridão.

O Tempo é o meio entre o Alto e o Baixo.

Seu reino não pertence nem à Luz nem às Trevas. Quem reina ali é o soberano Orixá Tempo. Implacável, mas justo na sua execução.

Quantos não gostariam de escapar das malhas do Tempo, sem saber que ele age tanto na Luz quanto nas Trevas. O Tempo não tem limites!

Na Linha de Lei, Xangô é o juiz, mas Iansã das Pedreiras é quem executa as sentenças.

Xangô não "carrega" Eguns ou almas penadas, mas sim Iansã, a Senhora Executora do Castigo. A ela compete agir com o rigor exigido para o reequilíbrio astral dos espíritos.

Muitos apelam a ela no seu ponto de força na Natureza sem conhecer muito bem os seus poderes.

Ela não é um espírito, mas sim um Orixá da Lei, que tem como função levar a todos os planos as mensagens do Guardião das Leis.

Por isso, quando se diz que as pedreiras são também o seu reino de ação, esta afirmação é verdadeira, mas é necessário que se entenda por quê.

Neste seu ponto de força da Natureza podemos clamar por justiça, ou por clemência. Por justiça quando estamos sendo perseguidos por entidades das Trevas sem nada devermos. Ao pedirmos o seu auxílio, o julgamento é instantâneo. Se realmente nada devermos, estas entidades sofrerão um choque devastador e serão jogadas de encontro aos rigores da Lei. Mas se for uma demanda do passado longínquo sob a forma de vingança no presente, então deveremos ter uma boa conduta para recebermos seu amparo.

Quando vamos até ela pedir por clemência, o nosso passado impresso no Livro da Lei, sem que percebamos, é aberto de imediato, e a partir daí ela julga se realmente merecemos clemência, se já saldamos tudo o que devemos em relação ao nosso passado; enfim, se estamos quites com a Lei. Caso contrário será perda de tempo com a Senhora da Justiça.

Outra forma de manifestação de Iansã, no seu ponto de força da Natureza, é Iansã das Cachoeiras.

A seu respeito, pouco pode ser revelado, porque ela age através da força da água na Natureza. Ela distribui aos Eguns o fluido que sacia sua sede por clemência diante da Lei, e os purifica antes de encaminhá-los aos seus planos.

Quanto aos que vão em busca do seu auxílio, antes devem pedir licença a Oxum, a guardiã do ponto de força da natureza das cachoeiras, local onde o magnetismo da queda d'água beneficia a quem souber captá-lo. Todos os descarregos ou banhos de descarga feitos na cachoeira retêm almas ou Eguns que são entregues a Iansã das Cachoeiras, para encaminhá-los aos seus locais de origem, e lá cumprirem seus carmas.

Outra forma é Iansã das Almas, ou do Cemitério, Iansã D'Balê. Ela é encarregada de executar a Justiça dentro do campo santo, ou cemitério. Ali ela é a própria espada da justiça, agindo de forma rigorosa sobre aqueles que lá ficaram presos pelos débitos adquiridos em sua passagem na carne. Quem usou a força do campo santo para atingir a quem quer que seja, fatalmente conhecerá o rigor com que ela age como executora da Lei no campo santo.

Iansã D'Balê é a executora das sentenças do Xangô de Lei. Seu poder é imenso, dentro do campo santo. Tem à sua direita os Exus de Lei, e à sua esquerda os Eguns redimidos que, ao servirem-na, procuram apagar as marcas da Lei no serviço ordenador.

Quem vai até o Campo Santo buscar sua ajuda para vencer demandas, e está dentro da justiça, antes deve pedir licença ao senhor guardião do ponto de força, Senhor Omolu.

Se clamam por justiça, dela recebem o amparo sob a forma de ajuda das almas que lá trabalham pela Lei. Quando pedem injustamente, o nome é imediatamente escrito no Livro da Lei para posterior ajuste de débitos. Sete anos após o pedido injusto, começa a sua cobrança.

Se todos a conhecessem realmente, não a invocariam por motivos fúteis, pois, como a Lei, ela é rigorosa em sua cobrança, e imparcial em sua execução. Quem já foi cobrado que o diga!

Quanto a Iansã do Tempo propriamente dita, ou Oiá N'Bilê, atua através do Ar. Seu ponto de força é qualquer lugar. Sua força é a própria força do Ar, que arrasta tudo. Seu poder é imenso, pois é a ligação de Oxalá com a Lei. Traz consigo tanto almas como Exus de Lei, tanto seres encantados, quanto seres que comumente chamamos de elementais.

Sua manifestação é gélida, causando tremores em quem dela se aproxima.

Muitos invocam o Tempo para prejudicar os semelhantes, tanto encarnados quanto desencarnados; mas se soubessem que estão gravando seus nomes no Livro da Lei, pensariam muitas vezes antes de o fazer.

Quando alguém vai em busca do seu auxílio e pleiteia com a justiça ao seu lado, tem a mais poderosa força mágica a sua disposição, para fazer com que cesse a atuação das forças malignas. Quando ela volta sua face luminosa para alguém justo, este é amparado por onde passar. Seu poder de ação ultrapassa o Sétimo Círculo Descendente, indo até o Nono Círculo. É ali que reside o seu imenso poder de atuação.

Infeliz daquele que cair sob seu poder na execução da justiça. Não há quem não a tema. Seu campo de ação é enorme e envolve todo o globo terrestre. Os faltosos perante a Lei são sérios candidatos a conhecer o seu reino, onde saberão como age a Lei Maior.

Existem ainda outros pontos de força da Natureza onde ela age, mas ainda não é possível revelá-los. O véu não foi retirado totalmente, seus mistérios são os mistérios do próprio Criador.

Mas o seu símbolo da justiça se apresenta de forma bem clara. Em Iansã, a espada simboliza a execução do carma.

Omolu – A Terra Geradora da Vida

Muitos já escreveram sobre o Orixá Omolu. Vamos escrever um pouco também.

Fiel depositário do nosso corpo quando dele se desprende o espírito, este Orixá da Terra é quem nos guarda até que sejamos chamados pelo nosso verdadeiro Senhor, o Criador, após purificarmos nossa alma dos vícios terrenos que muitas vezes nos atrasam em milênios na caminhada rumo a Ele.

Em todas as culturas, os povos têm o seu campo santo, o seu cemitério, como um lugar sagrado. É ali que são devolvidos os corpos já sem vida ao Doador da Vida. Todos os campos santos são respeitados como lugares sagrados que não devem ser profanados.

Todas as civilizações cultuam seus mortos. Nas civilizações já extintas os arqueólogos e historiadores encontram muito o que estudar nestes "campos santos".

Por que isso sempre ocorreu?

Porque o cemitério representa o ponto de transição do espírito quando este deixa a matéria.

É por isso que os egípcios e muitos outros povos do passado cuidavam dos seus mortos com tanto zelo. Eles conheciam os mistérios que envolvem a passagem do plano material ao plano espiritual.

Foi esse zelo em relação ao seus "mortos" que permitiu que hoje nós pudéssemos conhecer um pouco mais sobre o seu passado, através dos seus túmulos. Neles estão registradas muito mais coisas a respeito do passado que em qualquer outro lugar, e somente não foram totalmente destruídos por um capricho do tempo, que os preservou. Assim, informações importantes do passado da humanidade chegaram ao nosso conhecimento através dos campos santos e seus túmulos.

Se alguém achar enterrada uma arma ou uma panela, saberemos para que servem. Mas, para conhecermos um povo, os seus sentimentos, sua religião, sua alma, precisamos saber como se relacionavam com seus mortos.

Muitas civilizações do passado desapareceram por completo por não terem, como os egípcios, monumentos aos mortos que nos mostrassem um pouco do seu modo de ser.

No Egito, a religião buscava zelar pela alma dos que partiam, como nenhum outro povo o fizera até então.

Assim, ficou registrada toda a grandeza de seu povo, sua alma e sua essência. O Livro dos Mortos nos diz muito sobre o que pensavam em relação à vida após a morte. Talvez não diga tudo sobre seu modo de ser e pensar, mas o pouco que conhecemos já nos dá uma noção do seu conhecimento em relação à passagem de um plano para outro. Seu respeito em relação ao corpo sem vida e à alma é revelador do seu conhecimento a respeito dos mistérios sagrados.

Todos os povos tiveram, e têm, o seu campo santo, o seu cemitério.

Podemos olhar um índio que não teve contato com a "civilização" ou um africano, ou um polinésio, ou um nativo de qualquer povo do passado como sendo inculto por não saber ler ou escrever. Mas não podemos igualar nosso conhecimento ao que eles possuíam em relação à vida no seu lado espiritual ou sobrenatural.

Os mistérios sagrados, como uma chuva do Saber Divino, se abriram para todos os povos ao mesmo tempo, e em todos os lugares.

Os orientais têm o hábito de alimentar seus ancestrais, cultuando seus mortos. Este é um culto baseado num dos mistérios sagrados: o mistério que revela que há vida após a morte. Os mortos merecem o nosso respeito e devem ser lembrados com amor, pois é o nosso amor e respeito para com eles que os auxiliam na sua caminhada rumo ao Criador.

Existem algumas crenças que pregam o absurdo de que após o desencarne os espíritos caem num sono eterno à espera da ressurreição ou do juízo final.

Seus seguidores "despertarão" assustados quando virem os seus corpos numa cova, sem saber que já estão em outro plano vibratório.

É sempre assim!

Deus não nos proíbe de criar a fantasia que quisermos, e nem de vivê-las. Porém, com o tempo, Ele nos impõe a realidade de Suas leis imutáveis. Podemos tapar os olhos se quisermos e podemos acreditar naquilo que nos ensinam, se assim nos convier. Mas não fugiremos à Lei Imutável de que há vida após a morte; de que, após um período no astral, voltamos à carne, ao corpo material, para continuarmos nossa caminhada rumo ao Criador.

Que creiam, quantos queiram, que tudo acaba com a morte do corpo. Depois levarão um choque para despertar para a verdadeira vida eterna, a existência do espírito, com suas muitas descidas à carne para o seu aperfeiçoamento e crescimento diante de Deus.

Quanto a nós, agora falaremos um pouco sobre Omolu.

Do seu ponto de forças no Campo Santo, ele coordena todas as almas, não importa como. O que importa é que ele tem um campo de ação muito grande como Senhor das Almas. É ele que mantém os espíritos nos "cemitérios" após o desencarne, se assim a Lei ordenar.

Também é o Senhor regente daquilo que nós, criados numa cultura cristã, chamamos de purgatório, ou umbral.

As regiões escuras do astral negativo do Campo Santo também estão sob sua regência. Ali todos os Orixás têm seus subpontos de força. Lá estão Iansã D'Balê, Ogum Megê, Xangô da Terra, Oxóssi com seus caboclos das almas, assim como a maior linha de trabalhos espirituais, a linha dos pretos velhos, regida por Obaluaiê.

Nos outros rituais ou religiões, são sempre espíritos amadurecidos que trabalham no recebimento das almas e na sua acomodação nos devidos planos vibratórios. Mas todos são regidos por uma das forças do Criador: Omolu, o Senhor do Ponto de Força do Campo Santo.

Em outras religiões o seu nome muda, mas ele sempre é o mesmo.

Para auxiliá-lo, ele tem à sua direita Ogum Megê, que é o Guardião das Passagens, e, à sua esquerda, o Exu Guardião das 7 Porteiras. No cruzeiro, tem à sua direita Ogum Megê, e à sua esquerda Iansã D'Balê.

Não é possível negar aquilo que os videntes nos transmitem. Ele existe e é atuante. É uma força do mundo astral e, como tal, tem o seu campo de ação muito bem definido.

Quem diz conhecer os mistérios da morte não pode desconhecer o Senhor Omolu, chefe de todos os executores da Lei dentro da Linha das Almas. Ele é o verdadeiro executor das almas que, por vários motivos, caíram, e que têm que purgar os seus erros no astral inferior.

Também é ele quem recolhe o espírito daqueles que, quando na carne, ofenderam o Criador, e que cairão nos planos sem retorno. Dentro da Linha das Almas, seu poder é imenso.

Os espíritos que, após deixarem o corpo, se recusam a seguir esta Lei Maior, apenas se atrasam já que voltam aos lares ou lugares em que moravam, perturbando os parentes ainda na carne, ou ficam vagando sem rumo no Tempo.

Aqueles que se submetem à Lei encontram o seu lugar no astral e não mais interferem na vida dos que ficaram neste plano. Os que se resignam com o seu estado recebem, no devido tempo, o amparo das falanges ou correntes espirituais que agem sob o comando do Senhor do Campo Santo.

Muitos espíritos que desrespeitaram o Criador são aprisionados pelos executores do carma no Campo Santo. Transformaram-se em escravos de sua própria ignorância em relação aos mistérios sagrados.

A sétima linha da magia é dele. Aqueles que trabalham com magia não o desconhecem, mesmo que sob outro nome. O importante é que toda a magia envolvendo os mortos está em seu reino, o ponto de força dos cemitérios.

Quando alguém vai a um cemitério e acende uma vela para um amigo ou parente que morreu, está fazendo um ato de magia. Quando leva flores também, porque a alma colhe a essência daquilo que está sendo oferecido.

Estes são atos mágicos, porque magia é tudo o que ofertamos ou retiramos do mundo astral.

Quantos não vão pedir o auxílio das almas para solucionar os seus problemas, tanto de ordem material quanto espiritual? E isso em todos os rituais. Não há exceção. Todos fazem isso. Cada um ao seu modo, mas todos fazem!

Não há pecado em pedir auxílio para um fim nobre, porque isso pode servir para despertar o espírito encarnado para o mundo maior. Mas existem aqueles que vão ao cemitério para prejudicar os semelhantes. A estes devemos lembrar que um dia sentirão o peso da Lei, podendo ter suas almas aprisionadas aos planos inferiores dos cemitérios. As entidades que nos revelam algo dessas regiões dizem que são, juntamente com os lodaçais, as regiões mais sufocantes, onde os espíritos devedores purgam tudo o que devem da forma mais horrível que há.

Uma pergunta apenas: Será que muitos desses que hoje estão na carne para sua evolução já não conheceram essas regiões em outros tempos, e por isso tanto falam contra os rituais que cultuam os ancestrais e a Natureza?

Quem sabe, não? Quem condena de forma inconsequente é porque conhece, ainda que não saiba de que maneira. A "pele de cordeiro" oculta muitos que foram tiranos em outras vidas. Abençoada "pele de cordeiro"! Bendito corpo físico! Sagrada é a Lei do Doador da Vida que, para nossa evolução, oculta de nós os erros que cometemos contra as Suas leis imutáveis, ou mesmo, em nome delas.

Os que ganham dinheiro usando Seu santo nome, um dia irão conhecer quem é o Senhor Omolu. É ele quem cuida dos que caíram e ficaram para trás, até que o Pai Eterno lhes seja generoso e venha resgatá-los das Trevas para uma nova oportunidade evolutiva.

O Criador não esquece de suas criaturas! Apenas as confina um pouco para que, através da dor e do sofrimento, possam olhá-Lo com mais respeito e amor, mas não com temor.

Os Orixás que são cultuados, tanto na Umbanda quanto no Candomblé, ou no Ritual Africano Puro, são os guardiães dos pontos de força da Natureza.

A essência é sempre a mesma, o que muda são os nomes ou as formas.

As atribuições de um Orixá são encontradas nos deuses gregos, nos anjos judaico-cristãos, ou no Brasil pré-colonial.

Não importa onde você esteja vivendo, lá existe um Senhor dos Mortos, lá está Omolu!

Oxum – O Amor Divino
A Guardiã do Ponto de Força Mineral da Natureza

Quando falamos de Oxum, falamos de Amor.

Oxum é o próprio Amor em ação. Sua força é a força do Amor. É por causa dela que precisamos nos purificar nas cachoeiras, para nos reequilibrarmos em nosso campo mediúnico.

Oxum é um dos Orixás mais fáceis de ser cultuado dentro do Ritual de Umbanda, e por isso é um dos mais procurados pelos umbandistas. Seu santuário é pequeno, mas sua ação é muito grande.

Quando falamos em Oxum, logo nos vem à mente uma mãe amorosa, ciumenta ou geniosa. Oxum é tudo isso, e muito mais.

Amor, ciúme, gênio forte são qualidades da Orixá Guardiã do Ponto de Força da Natureza, as Cachoeiras.

A mãe ama seus filhos, tem ciúme deles, mas também é geniosa.

Oxum é o sentimento humano do amor, representado pelas águas que caem e continuam o seu curso, alimentando a vida à sua volta. Oxum é a lágrima incontida nos momentos de provação, porque somente através das lágrimas conseguimos liberar a emoção negativa que nos magoa, sufoca ou provoca forte angústia. Só através das lágrimas conseguimos liberar esta energia e continuar nossa caminhada.

Por isso Oxum sempre foi cultuada como uma mãe afetuosa, que ampara seus filhos com seus fluidos regeneradores. Ou como uma esposa ciumenta, que não aceita ser traída nos seus sentimentos. Ou até mesmo como uma irmã geniosa, que procura nos guiar, porque acha que faz o que é melhor para nós.

Isso tudo é Oxum, como entidade que se manifesta através do Dom Oracular. Mas é também a Orixá feminina que muito se preocupa com os seus filhos.

Como Orixá, Oxum emociona seus filhos com muita intensidade, pois seus fluidos mexem com os sentimentos muito facilmente. Por causa desta qualidade ela é tão querida como Orixá. Todos nós nos identificamos com alguma forma de amor. As pessoas que não se afeiçoam à Orixá Oxum geralmente são pessoas frias e calculistas, com um interior árido de sentimentos amorosos.

Oxum também é a "Energia Divina" manifestada no lado espiritual do ponto de força da Natureza que são as cachoeiras. É a Energia do Criador manifestando-se na Natureza; é eficaz em seus efeitos regeneradores sobre a aura humana.

Quem tem sensibilidade forte, pode sentir sua energia e seu magnetismo envolvente quando vai a uma cachoeira, que não precisa ser grande, pois seus fluidos não dependem do volume de águas, mas tão somente do sentimento de quem se aproxima. Juntamente com Oxóssi, Oxum completa a harmonização das almas que buscam se regenerar ante o Criador, pois toda cachoeira é cercada por vegetações.

São dela os fluidos curadores do astral que agem sobre os espíritos arrependidos dos erros cometidos no passado. É a mãe que aconchega o filho em seus braços, dando-lhe o amor que o protege.

Podemos encontrar Oxum em todos os antigos cultos da Natureza, sempre como a mãe protetora.

As religiões que cultuam Deus sob uma forma abstrata, não vendo na Natureza as muitas formas de Sua manifestação, não veem o encanto da Natureza Divina manifestada nos fluidos regeneradores que se encontram à nossa disposição. Tornam-se religiões áridas e não procuram ver a natureza como manifestação do Criador, sempre derramando seus fluidos para, através do extravasamento da nossa alma, purificar os nossos sentimentos negativos.

Assim é o Criador: muitas são Suas moradas, muitas são Suas maneiras de agir sobre nós, centelhas emanadas do Seu íntimo. Oxum é isso também, uma manifestação do Todo sobre todos, reequilibrando com seu amor os espíritos em evolução.

Quem conhece Oxum não se torna árido em seu interior porque sabe que as lágrimas são o remédio mais eficaz para purificar o espírito dos fluidos negativos que, se não forem neutralizados, podem trazer doenças emocionais e desequilíbrios mentais.

Este é um dos mistérios de Oxum.

Oxum, quando ampara seus filhos, é uma fonte de energia purificadora. Mas, quando contrariada, é uma fonte de energia desestabilizadora.

Tudo tem sua explicação na Natureza, basta que a procuremos.

As religiões que não cultuam a Natureza como manifestação do Divino e não conhecem os seus pontos de força, tornam-se muito explicativas e muito complicadas. A Natureza não precisa de livros, nem de sábios para explicá-la; ela é um livro aberto para todos que desejam conhecer os seus mistérios.

As grandes nações mercantilistas destruíram os maiores templos divinos já construídos sobre a terra, que são os seus pontos de força, quando interferiram sobre os cultos à Natureza como forma de manifestação do Divino. Isso tornou os seres humanos, religiosamente ativos, em seres passivos. E as forças atuantes de Deus não são passivas! Muito pelo contrário, atuam sobre nós o tempo todo, tentando nos modificar para melhor em nossa caminhada rumo a Ele. Se todos soubessem que ao pé da cachoeira existe um templo natural construído pelo Criador para nos energizar com Seus fluidos benéficos, talvez não precisássemos de tantos sanatórios, hospitais e casas de repouso para acomodar aqueles que se desequilibram mentalmente.

Toda vez que uma cachoeira é devastada, o planeta adoece um pouco mais, pois uma fonte natural de purificação e energização é destruída. Tudo isso é Oxum: purificação e fortalecimento do nosso espírito e energização de nosso corpo.

Oxum é também uma força atuante sobre o astral.

Para a Guardiã do Ponto de Força da Natureza, as Cachoeiras, nada é estático, tudo que cai de um nível segue o seu curso em outro nível. E isso é o que importa.

Na queda das águas há uma liberação de energia, e na queda de uma alma também há a liberação dos sentimentos que a fizeram cair. Quando a alma cai e percebe que a sua queda continua, ela chora de desespero. Eis a força cósmica de Oxum agindo sobre os sentimentos humanos sob a forma de lágrimas purificadoras. É por isso que dizemos que as cachoeiras são lágrimas de Olorum caindo para nos purificar.

Mas Oxum também é a força que, quando atuando no negativo dos seres, traz consigo uma força poderosa em seu campo de atuação, podendo desestabilizar quem for o alvo de sua ação.

Quem sofre um choque desses, logo muda o curso de sua vida. Por isso os mistérios do lado oculto do ponto de força da Natureza, as Cachoeiras, são velados ao máximo. As entidades que atuam através do seu lado negativo são mais para desmanchar "trabalhos" do que para fazê-los. Aos que vão atrás desta força oculta, um aviso: um dia irão chorar aos pés da cachoeira, para lavar com suas lágrimas todo o mal que fizeram.

Mas aí já não será Oxum agindo e sim o Xangô das Cachoeiras, julgando aqueles que devem ao Criador pelo mau uso das forças do ponto de força da Natureza, as Cachoeiras, e que serão executados por Ogum Iara, o Ogum que auxilia Oxum em seu ponto de força.

Oxum não executa, ela apenas nega a quem erra o fluido vital mineral emanado do seu campo de força. O mundo vibra, as águas vibram, Oxum vibra, nós vibramos com seus fluidos benéficos. Tudo isso é Oxum, a Guardiã do Ponto de Força da Natureza, as Cachoeiras.

Nanã Buruquê – A Razão e a Sabedoria
A Guardiã dos Lagos e Águas Calmas dos Estuários

Como todos os outros Orixás, Nanã é uma guardiã que tem seu ponto de força na Natureza. E, como divindade, seu ponto de força localiza-se nos lagos, mangues e rios caudalosos.

De todos os Orixás, Nanã é quem tem um mistério dos mais fechados, pois o seu lado negativo ou escuro é habitado por entidades com um poder enorme. Como Guardiã do Ponto de Força da Natureza, os Lagos, sua manifestação é quase imperceptível. Mas, como os próprios lagos, oculta em sua profundeza muitos mistérios. Aqueles que tentam desvendar esses mistérios, quase nada conseguem, além de ver suas margens.

Nanã, como Orixá, é fechada às pesquisas de sua força ativa. Mesmo quem a tem como Orixá de frente, consegue penetrar muito pouco em seus mistérios. Diríamos mesmo que, num lago, quem se aprofundar demais, pode não retornar à tona. Mas aqueles que tomarem as devidas precauções ao penetrar em seus domínios, à medida que forem se aprofundando, irão se modificando, pois como um lago, ela é absorvente. Quem se aprofundou em seus mistérios sofreu uma grande transformação em seu modo de ser e de agir.

Nos lagos e rios caudalosos existe um magnetismo absorvente poderosíssimo. Não emanam energias através do espaço, como os outros pontos de força, mas têm o seu próprio campo magnético absorvente, que varia em torno de sete a setenta e sete metros, a partir de suas margens.

Esta faixa é o seu campo de ação, localizado dentro de seu ponto de força, os lagos. Ali reina a calma absoluta, quebrada apenas pelos animais que vão até lá para se banhar. Tudo ali traz uma calma que não encontramos nos outros pontos de força da Natureza. Isso é parte do próprio modo de ser de sua guardiã.

Como Orixá, sua manifestação é através de movimentos lentos, porque traz em si uma energia e magnetismo muito fortes. Seus movimentos são lentos e cadenciados.

O silêncio é regra de ouro para Nanã. Quem se aprofunda, vê que é melhor observar muito antes de se manifestar sobre um assunto. Quem tiver a oportunidade de ir à beira de um lago ou rio caudaloso poderá sentir essa calma absorvente.

As pessoas muito agitadas não conseguirão ficar muito tempo à beira das águas calmas. Suas vibrações ativas não se harmonizarão com as vibrações passivas daquelas águas. Mas se tiverem paciência e repetirem esta experiência várias vezes, terão seu campo vibratório descarregado e magnetizado pelas águas calmas, modificando, assim, o próprio modo de ser. Ganharão mais equilíbrio e agirão com mais ponderação.

Tudo isso é Nanã Buruquê, a Guardiã do Ponto de Força da Natureza, os Lagos e Águas Calmas. E também é mais. É a guardiã do ponto de força das águas estagnadas, quando vibrando à esquerda, no seu lado negativo.

A força de atuação dos elementos é distribuída por todo o sistema circulatório de uma pessoa. Quando essas forças são ativadas por aqueles que as conhecem, são de uma ação fulminante. O negativo, ou ação negativa das águas paradas, tira de uma só vez todo o equilíbrio da pessoa, agindo através dos líquidos do organismo humano. São tão fulminantes, porque o corpo humano é formado em sua maior parte por água. Ao atuarem nessa parte do corpo, este se desequilibra e as doenças espirituais se manifestam, trazendo consequências perigosas.

Por tudo isso é que Nanã, a Guardiã do Ponto de Força da Natureza, os Lagos, é tão misteriosa, desconhecida mesmo da maioria dos umbandistas. Não interessa à própria guardiã revelar os seus mistérios. Quem quiser que fique em sua superfície e não tente se aprofundar muito, pois poderá ser tragado para o seu fundo escuro, e não mais voltar à tona.

Nanã também é a guardiã dos estuários dos rios. É onde as águas doces encerram sua longa caminhada rumo ao mar. É quando o rio é absorvido pelo oceano.

Pelo lado místico, ela é também uma divindade que acompanha o nosso fim na carne, assim como nossa entrada, em espírito, no mundo astral.

Como cada rio se conduz a um ponto geográfico, nós também nos conduzimos a um ponto astral. Nesta porta de passagem também está Nanã, atuando sobre o nosso carma, conduzindo esta transição com calma, pois não se pode apressar um espírito, sob o risco de ele não tomar conhecimento da sua transição de um plano vibratório a outro. Tudo isso é Nanã, a Guardiã do Ponto de Força da Natureza, os Lagos e Águas Calmas.

Nanã é também a guardiã do ponto de força da Natureza que absorve as irradiações negativas que se acumulam no espaço, trazidas pelas correntes energéticas que envolvem a crosta terrestre.

Esses pontos de força, por serem absorventes, atraem com o seu magnetismo uma grande parte das forças negativas criadas pelas mentes humanas nos seus momentos de angústia, dor ou ódio. Suas "águas" têm o poder de absorvê-las, e isto é feito de uma forma que não é permitido explicarmos completamente.

Podemos dizer apenas que são pontos de força atrativos e absorventes como para-raios, descarregando todas as irradiações captadas.

Nanã também é um dos Orixás mais respeitados no Ritual de Umbanda por se mostrar como a nossa vovó amorosa, sempre paciente com nossas imperfeições como espíritos encarnados tentando trilhar a senda da Luz. A avó que sempre nos acolhe e orienta quando estamos inseguros em relação ao caminho a seguir.

As entidades que se manifestam através do Dom da Incorporação Oracular, e que são regidas pelo Orixá Maior Nanã Buruquê, são grandes conselheiras, sendo que esses conselhos, se ouvidos com atenção e seguidos à risca, nos conduzem a uma calma interior que somente o seu ponto de força na Natureza nos transmite.

Podemos afirmar com toda segurança que o seu ponto de força é absorvente quando orientado para nos auxiliar, e destrutivo, desequilibrador e desarmonizador quando voltado contra nós. Mas sua função na Natureza, como acumulador de água e regenerador da vida, é indiscutível: à volta dos mangues, lagos e rios caudalosos, a vida animal e vegetal é abundante e rica.

Por tudo isso é que nós a saudamos sempre com estas palavras: Salubá, Nanã Buruquê!

Erês ou Ibejis – A Pureza e a Renovação da Vida
Os Guardiães dos Reinos Elementares

Quando falamos na Linha das Crianças fica difícil explicar como podem "crianças" atuar no Dom Ancestral Místico de Incorporação Oracular. Não há muito a ser dito, porque é uma linha fechada em seus mistérios.

As linhas de força são sete. Os Orixás ancestrais também são sete. Mas nós sabemos que existem muito mais que sete Orixás. Como explicar a questão? Simples. São os Orixás que trabalham com os elementares e que se distribuem nas linhas de forças identificadas pelo seu elemento original.

Neste ponto, os Erês entram nas linhas de força, pois, se os Orixás naturais atuam nos reinos elementares, o mesmo se sucede com eles, que atuam nas linhas dos Orixás, ou linhas de forças da natureza.

Quando uma pessoa tem como ancestral místico um "elemento" puro, seu Orixá ancestral será da natureza do elemento. A natureza pura, sem misturas, é tão pura quanto uma criança. Sua noção de justiça não é como a nossa, porque os guardiães dos pontos de força dos reinos elementares são de uma pureza original. Não sofrem o choque da mistura dos elementos para posterior desdobramento.

Assim como Oxóssi fornece caboclos para desenvolver os trabalhos nas linhas de força ativa, Oxalá, Iemanjá, Oxum, etc. fornecem espíritos na forma de crianças para atuar nas linhas de força dos elementos.

Estas "crianças" possuem as características do elemento em que atuam.

Se trabalham sob a influência do Ar, são alegres e expansivas; se são da linha do elemento Fogo, são irritáveis facilmente; se são da Terra, são caladas.

Se são da linha de Iemanjá ou Oxum, são carinhosas, melodiosas no falar.

Um elemental é puro, e não comporta os defeitos típicos dos humanos. Mas isso não quer dizer que não possua uma força ativa que possa ser colocada a serviço da humanidade.

Muitas entidades, que atuam sob as vestes de um espírito infantil, são muito antigas e têm mais poder do que imaginamos em uma "criança". Mas, como não são levadas muito a sério, o seu poder de ação fica oculto.

O que importa é que saibam que o Orixá das "crianças", ou Erês, é um Guardião de um Ponto de Força do Reino Elementar, e atua sobre toda a humanidade, sem distinção de credos religiosos. Que o digam os anjinhos pintados pelos mestres pintores que têm a sensibilidade de captar suas formas puras. São conselheiros e curadores.

Aí está a sua essência! Como guardiães dos pontos de força do reino elementar, trabalham com irradiações muito fortes e puras na sua origem. Por isso mesmo têm grande facilidade em curar muitas doenças, desde que estas possam ser tratadas com o seu elemento ativo.

Por isso foram identificados como Cosme e Damião, santos cristãos curadores que trabalhavam com a magia dos elementos, e como Ibeji, gêmeos encantados do Ritual Africano Antigo.

Não gostam de desmanchar demandas, nem de fazer desobsessões. Preferem as consultas, e em seu decorrer vão trabalhando com seu elemento de ação sobre o consulente, modificando e equilibrando sua vibração, regenerando os pontos de entrada de energia do corpo humano. Por isso são considerados curadores.

Os nomes que os espíritos, que atuam no reino elementar puro, usam podem identificá-los, e ao elemento que utilizam, mas não vamos revelá-los. Se o que escrevemos servir para despertá-los para a verdade, sugerimos que se esforcem, e pesquisem um pouco, e descobrirão como é bela e pura a Natureza.

Na Umbanda, a "corrente" das crianças é formada por seres "encantados" masculinos e femininos.

Estes seres encantados são nossos irmãos mais novos e memso sendo puros, não são tolos, pois identificam muito rapidamente nossos erros e falhas humanas. E não se calam quando em consulta, pois nos alertam sobre eles.

Logo, têm noção do certo e do errado.

Eles manipulam as energias elementais e são portadores naturais de poderes só encontrados nos próprios Orixás que os regem.

Na Umbanda, o "mistério criança" é regido pelo Orixá Oxumaré, que é o Orixá da renovação da vida nas dimensões naturais.

O "Mistério Caboclo" é regido por Oxóssi e o "Mistério Ancião" é regido por Omolu e Nanã Buruquê.

Exu
O Guardião do Ponto de Força das Trevas

Falar a respeito dos Exus é algo muito complicado e delicado, porque sua força de atuação é maior e mais variada do que imaginamos.

Exu, no Ritual de Umbanda, é força ativa por excelência. E, como Guardião nas Trevas, tem uma função definida pela Lei Maior que nós não podemos colocar em dúvida.

O que é estabelecido religiosamente pela Lei Maior não pode ser questionado. No máximo deve ser explicado. É só com este intuito que vamos falar sobre Exu, o Guardião do Ponto de Força das Trevas.

Exu é uma das forças que atuam sobre o negativo de qualquer pessoa com o Dom Ancestral Místico de Incorporação Oracular, ou seja, os médiuns.

No Ritual Africano Antigo, Exu não é utilizado para trabalhos comuns, mas sim é considerado o elo de ligação do filho de fé com o seu Orixá. Ele é o mensageiro que leva nossos pedidos e, ao mesmo tempo, nos passa as ordens do Orixá.

No Ritual de Umbanda, Exu é mais uma entidade de trabalho. Isso não quer dizer que existam grandes diferenças, apenas o modo de colocar esta força em ação é diferente.

O Ritual de Umbanda é a simplificação daquilo que muitos acham tão difícil de entender. Se no Ritual Africano tudo é oculto, no Ritual de Umbanda tudo é mais aberto.

O que torna o Ritual de Umbanda tão atrativo é justamente isso: ele não se assenta sobre o oculto, mas, sim, tira dele sua parte ativa, simplificando-o e tornando-o popular. Caem os tabus que poderiam criar dependência devido ao medo despertado pelo oculto. Pelo contrário, é através da revelação que o Ritual se torna tão atrativo.

Não existem segredos, mas sim mistérios, que se ocultam por trás de nomes simbólicos.

Mas mistério não é tabu!

Então vamos falar da entidade Exu no Ritual de Umbanda, mas não no Ritual Africano, porque senão criaremos muita confusão sem nada explicar.

Por uma lei que não pode ser questionada, porque foi criada por Deus, existe uma linha divisória separando o que é Luz do que são Trevas.

Já falamos dos pontos de força na Luz, mas também falamos sobre o seu lado negativo. Pois é nesse lado que Exu atua. Ali é seu ponto de força na Natureza.

Um Exu de Lei, ou Exu Guardião, está ligado a um Orixá Menor.

Ele, dentro de uma linha de força, não é um ente sem responsabilidade para com a Lei Maior. Muito pelo contrário, pois possui um campo de atuação bem definido.

Os guardiães dos Orixás maiores são apenas sete, um para cada linha de força. Cada um tem seus subordinados diretos, que por sua vez comandam outros setenta e sete subchefes de falanges.

Complicado, não?

Pois é isso mesmo, muito complicado!

Sete são as linhas de força, tanto no positivo quanto no negativo; sete são os Círculos Ascendentes, e sete os Descendentes; sete são os Símbolos da Luz, e sete são os Símbolos das Trevas; sete são os Degraus Ascendentes, e sete os Descendentes.

Mas o primeiro Ascendente é ligado ao primeiro Descendente, e assim sucessivamente.

O que muitos mostram é a subdivisão dos sete Exus originais, e nunca os próprios. Falar somente das subdivisões não esclarece muito!

Os sete Exus originais, ou do *Nível 1*, como já dissemos antes, não se manifestam, mas os do *Nível 2* coordenam as manifestações dos setenta e sete do *Nível 3* que cada um deles comanda. Esta coordenação é controlada pelos sete superiores.

Os Exus do *Nível 3* têm liberdade de ação, pois os de uma linha de força, quando em ação, expandem o seu campo de atuação, entrando, às vezes, em outras linhas de força.

É nesse ponto que começa o verdadeiro movimento das entidades, com os choques de força nas Trevas e o consequente trabalho das linhas de Lei.

Por que isso ocorre?

Pela ignorância e maldade que os espíritos encarnados ainda trazem consigo!

O uso da magia negativa ou dos pensamentos negativos não é exclusivo de um povo, mas está disseminado por toda a humanidade, e foi assim em todos os tempos. Não existe um povo sobre a terra que possa se dizer isento do uso da magia negativa. Todos a conheceram e a usaram.

Até aí a Lei permite, pois se assim não fosse não haveria a evolução dos espíritos. É com o uso constante de um instrumento que nós aprendemos como usá-lo devidamente. Se o usarmos mal ao realizarmos uma tarefa para alguém, nada receberemos em pagamento, além de perdermos tempo buscando a melhor forma de fazê-lo, e ainda corremos o risco de perder a matéria utilizada. Neste caso, teremos que ressarcir o prejuízo do dono da matéria.

Após errarmos diversas vezes, aprendemos como utilizar o instrumento, e passamos a ser considerados bons profissionais. Como estamos falando em forças regidas por uma Lei Maior, é neste momento que somos convidados a servir a esta Lei.

Isso é um Exu de Lei, alguém que conhece os mistérios da magia e que já cansou de ter prejuízo com o mau uso do instrumento colocado à sua disposição. Esta é a linha que divide o Exu de Lei dos quiumbas e eguns.

O Exu de Lei tem o seu "ponto riscado" ligado a um dos Sete Maiorais, os quiumbas e eguns, não. Estes são aqueles que estão no "meio".

Mais dias, menos dias, serão colhidos pela Lei, e daí por diante serão doutrinados para futuro aproveitamento e para uma evolução sólida.

Os Exus que atuam através do Dom Ancestral Místico de Incorporação Oracular são aqueles que estão aprendendo a usar os instrumentos colocados à sua disposição.

Com o tempo, vão se aperfeiçoando e suas evoluções passam a ser mais rápidas. Quando descobrem o caminho menos espinhoso, usam de todas as suas forças para atingir um grau superior.

Para eles não existe a divisão entre Bem e Mal, só objetivos a serem atingidos. Se direcionados para o Bem, fazem-no à sua maneira, e se para o Mal, também.

Neste aspecto, eles se tornam controvertidos. São ligados à Lei, e são executores do carma, mas são, ao mesmo tempo, neutros.

O que quer dizer isso?

Vamos explicar.

Se por acaso temos um problema, e em dado momento clamamos aos Orixás, ou a Deus, saibam todos que, de alguma forma, nosso clamor será ouvido. Se tivermos merecimento seremos auxiliados na superação dessa fase de nossa vida. A Luz nos envia seus servidores para nos auxiliar. Tudo feito por amor a nós.

O mesmo se dá quando por inveja, ódio ou outro defeito do espírito humano, clamamos pelo auxílio das Trevas. Milhões de pessoas fazem isso todos os dias. Quando odeiam alguém, amaldiçoam-no e praguejam contra ele. Tudo isso são clamores às Trevas. Sem o saber, estão caminhando rumo a elas, já que aqueles que acorrem para auxiliá-los são os mensageiros das Trevas.

Será tão difícil entender isso? Não, basta querer!

Mas, voltando aos Exus, como atuam num campo restrito, eles somente se movimentam se alguém for até seu ponto de forças. Sem isso, eles, os Exus verdadeiros, não atendem a ninguém. E quando já despertaram para a verdadeira sabedoria, não atendem nem ao seu médium.

Que isto fique bem claro: Exu só age se for pago simbolicamente através de uma oferenda. Com isso ele se exime de culpa pela ação negativa. Quem o pagou é que é o culpado!

Um guia de luz age onde ele acha necessário; um Exu age quando lhe pedem e pagam. Aí está sua neutralidade. Se alguém tiver um dia que pagar, que pague dando uma prova material de sua ação. Esse é o primeiro ativador da ação do Exu, Guardião do Ponto de Força das Trevas.

Quanto aos espíritos que vivem no meio, estes sim são o que há de pior no astral. Eles não têm uma lei definida a regê-los, e onde veem uma oportunidade, começam a se impor sobre as pessoas.

Mas uma coisa deve ficar clara quanto ao modo de pensar e agir dos Exus que trabalham junto aos médiuns: eles são semelhantes a nós, e tomam o nosso lado quando algo ou alguém está nos prejudicando.

Este modo de ser os coloca no mesmo grau que nós, encarnados, pois é assim que agimos. Quando um amigo leal está sendo prejudicado, tomamos sua defesa imediatamente.

Isso precisa ficar esclarecido para que possamos estabelecer uma regra ao estudarmos a entidade Exu, o Guardião do Ponto de Força das Trevas. Do contrário, nunca o entenderemos.

Ao Exu falta apenas o corpo carnal para que se iguale a nós. Odeia, tem ciúmes, inveja e até um pouco de amor para dar a quem ele goste, ainda que dissimule muito bem.

Isso é algo que o iguala a nós. Quando todos entenderem isso, terão respostas para muitas indagações não esclarecidas.

Mas, deixando as emoções de lado e entrando na Lei que rege os Exus, vamos encontrá-los atuando fora do Ritual de Umbanda.

Os Exus que trabalham nesses centros são aqueles que já evoluíram o suficiente para perceberem que servir à Luz pode ser trabalhoso, mas é compensador. Os maiores guardiães estão com os seus comandados em constante evolução, e este trabalho é dado apenas àqueles que já têm um esclarecimento muito grande.

Por serem antigos, conhecem todos os meios empregados pelos quiumbas na atuação sobre alguém. Sabem também como contê-los quando estes se aproximam de centros espiritualistas acompanhando alguém que esteja sob sua ação.

É um trabalho discreto. Não traz a notoriedade, como no caso dos mentores que se manifestam como doutrinadores, curadores ou desobsessores.

Mas também não é para isso que estão lá, muito pelo contrário, querem fazer sua parte de forma velada. Quanto mais discretos, melhor.

Estão ali enviados por quem tem grau e pode ajudá-los numa evolução rápida. Quem os requisita para as linhas de força são os Grandes Mestres da Linha Branca.

Quando são designados para esse trabalho, ocultam os seus símbolos e suas vestes características.

A única coisa que os identifica como Exus é o cinto negro e sua pouca luz; têm uma forma plasmada bem definida, não fluida ou luminosa.

Mudam as vestes, mas os agentes são os mesmos; muda o ritual, mas a força atuante é a mesma; mudam as formas, mas os meios são os mesmos.

Se assim não fosse, estaríamos colocando em dúvida as próprias leis do Criador. E, como Ele é perfeito, dá a cada um segundo o seu grau de evolução, de entendimento e de poder de ação.

Mas, nesse caso, o poder de ação dos Exus é limitado. Não evoluem só no trabalho de desmanchar demandas ou magias negativas. Sua função é a de guardar os locais de trabalhos de ordem espiritual e, após o término destes, proceder à limpeza astral, levando embora os espíritos que ainda não tenham merecimento para receber o amparo da Luz.

Tudo isso é Exu, o Guardião do Ponto de Força das Trevas.

Mas também é muito mais que isso.

São carcereiros responsáveis pela prisão de muitos dos espíritos que se rebelaram contra a Lei Maior.

Uma entidade de Luz não teria coragem de punir um espírito que só conheça a linguagem do Mal, mas um Exu guardião tem sua falange para executar esse trabalho, e o faz com muita disposição.

Não vamos pedir a um médico que vá prender assassinos perigosos. Os policiais são treinados para isso. Quem pensar o contrário desconhece as leis que regem a espiritualidade. E quem não entende, que também não se envolva na discussão, porque a Lei não aceita que a discutam sem conhecimento de causa. E jogar pedra no telhado alheio não é uma boa ideia, pois o tempo nos fará consertar as telhas que quebramos.

À Lei nada escapa. Podemos condenar os excessos dos Exus, mas nunca as entidades regidas por esta lei divina, a Lei do Carma.

Existe um ponto que precisa ser esclarecido para que nada fique sem resposta quanto à entidade Exu, o Guardião do Ponto de Força das Trevas:

Assim como existem anjos atuando sobre nós, também existem demônios infernais fazendo a mesma coisa. Como dissemos antes, os Exus têm um campo de ação limitado por Lei. Os demônios infernais pertencem ao oitavo e nono degraus descendentes, ou oitavo e nono círculos descendentes, ou oitavo e nono planos negativos, assim como os anjos pertencem ao oitavo e nono planos ascendentes. Transcendem, portanto, à atuação das sete linhas de força, que agem através da Natureza no Ritual de Umbanda, e, portanto, nada têm a ver com ela. Essas entidades infernais podem mudar o destino de um povo quando a Lei do Carma as coloca em ação.

Elas podem elevar homens ao poder governante, e depois, atuando sobre estes mesmos homens, fazerem com que não olhem para o bem do seu povo, levando-o à miséria, à fome, às guerras, à quebra das leis estabelecidas e até a uma afronta às leis divinas. Tudo é possível quando essas entidades são movidas pela Lei do Carma.

Esta Lei tem um mecanismo que não é possível explicar em poucas palavras. Agem por Vontade Divina, e atuam sobre grandes regiões trazendo a dor e a miséria aos homens, tudo dentro de um ordenamento que, quando atinge seu objetivo, faz com que cesse o seu efeito para que o pensamento passe a ser remodelado, assim como o modo de agir das pessoas, moderando suas ambições, desejos e ódios.

É uma Lei Divina, e, portanto, perfeita!

Quando ela cessa sua ação, os anjos planetários voltam a agir em suas regiões de influência, restabelecendo o equilíbrio.

Esperamos ter deixado bem claro o que são essas entidades infernais, para que não haja confusão com a entidade Exu, o Guardião do Ponto de Força das Trevas, quando atua no Ritual de Umbanda.

A confusão surge quando as pessoas, depois de muito procurar, encontram os princípios da magia negativa pura. Esta magia é conhecida desde tempos que não são passíveis de constatação, nem pela história, nem pela arqueologia. A magia existe, tanto na Luz quanto nas Trevas.

Como todo instrumento que o homem descobre, uns fazem bom uso dele, enquanto outros fazem mau uso, ficando, esta magia, também sujeita ao sabor dos desejos humanos.

A Lei Maior condena quem a usa para o Mal com o confinamento no nono degrau descendente. De lá ninguém retorna. É o fim do espírito como entidade dotada de livre-arbítrio. Passam a ser demônios infernais, ou seus escravos.

Bem, voltando um pouco, temos a dizer que foi o uso da magia negativa que tirou a harmonia do nosso planeta no passado, sendo que até hoje seu equilíbrio não foi retomado.

Esta é parte da sentença divina que recai sobre a humanidade: aquilo que era para ser movido pela Lei Maior apenas para o aperfeiçoamento dos espíritos encarnados, foi descoberto e usado por simples mortais que pensavam estar ganhando algo, tanto em poder quanto em riqueza material.

Teremos que conviver com eles até que a Lei Maior os remova da face da terra. Até lá, seremos atormentados por esses escravos dos demônios infernais.

Aqueles que acham que têm domínio sobre esses demônios, na verdade, ao invocá-los, estão sendo seus instrumentos. Eles não negam os seus mistérios a quem envereda por suas trilhas sombrias; têm muitos servos escravizados na carne.

Assim como a Luz tem os seus servos atuando em benefício dos semelhantes, eles têm os seus, que vão distribuindo o Mal aos semelhantes.

Num tempo perdido, aqueles que cuidavam dos rituais achavam que poderiam controlar a vida e a morte, até mesmo a Natureza, se libertassem, através dos seus conhecimentos, essas entidades. Pensavam que teriam o domínio do mundo com este ato, achavam que poderiam se igualar a Deus.

Esta é a origem do mito Lúcifer, o Anjo Caído.

Quem sabe Lúcifer não tenha sido realmente um anjo que se excedeu e levou os homens à loucura? É também a origem do mito da Fonte da Vida, a fonte da eterna juventude.

Os antigos sacerdotes pensavam que poderiam viver eternamente na carne.

Muitos outros mitos da antiguidade, que nos chegam através de narrativas lendárias, têm todos eles suas origens nesse tempo perdido.

Não adianta procurar essas origens, elas não estão à disposição dos homens.

Foi por esse motivo, esse desejo dos homens em se apropriar do que não lhes pertencia, que os elementos da Natureza se revoltaram e causaram a perda do equilíbrio.

O ritual simples da Natureza se perdeu, e o caos se instalou sobre a face da terra. Os homens não se entenderam mais daí por diante, e a cada ciclo uma grande calamidade modifica todo o planeta. É a sentença divina que pesa sobre o nosso planeta.

Quando cessará a sentença, só Deus sabe.

Pois bem, esclarecendo a confusão podemos dizer que Exu de Lei não é demônio, é agente da Lei!

Um Exu não combate um mentor de luz. Ambos atuam sob uma mesma Lei.

Os demônios, quando colocados em ação, somente poderão ser barrados pela força dos Orixás.

As energias que eles movimentam são negativas e seus poderosos magnetismos são absorvedores de luz, tal como um "buraco negro". E isso nada tem a ver com o Exu de Lei, que não interfere nas hierarquias estabelecidas.

O mesmo não ocorre com os demônios infernais, que se comprazem em quebrar qualquer hierarquia estabelecida, infiltrando-se naqueles que, por qualquer dos defeitos da alma, abrem-se à sua ação desequilibrada.

É preciso separar Exus de demônios infernais. Estes se apossam do mental, tanto de quem é médium quanto de quem não é. A eles não importa a religião da pessoa, mas tão somente que abra uma porta para sua ação maligna, para que possam trazer a dor e a miséria.

Que fique bem claro: demônio infernal luta para apagar toda a luz da face da terra. Já Exu, o Guardião do Ponto de Força das Trevas, é apenas o executor da lei, e está submetido às leis da Natureza.

As Sete Linhas de Umbanda

1ª PARTE

Comentários sintéticos sobre as sete irradiações vivas de Deus, irradiações estas que são vistas como as Sete Linhas de Umbanda.

As Sete Linhas de Umbanda são, na verdade, as sete irradiações vivas de Deus, e que são estas:

1ª Irradiação da Fé
2ª Irradiação do Amor
3ª Irradiação do Conhecimento
4ª Irradiação da Justiça
5ª Irradiação da Lei
6ª Irradiação da Evolução
7ª Irradiação da Criatividade

Muitos autores umbandistas deram às sete linhas várias classificações, todas elas baseadas no conhecimento corrente de então, pois o sincretismo com a religião católica mesclava os Orixás com os santos católicos, já que só assim conseguiam praticar a Umbanda.

A cultura brasileira é cristã. Logo, nada mais correto que associar os Orixás aos santos católicos, pois assim estes eram, e ainda são, os amortecedores da transição religiosa dos novos adeptos da Umbanda.

O assentamento dos santos católicos nos altares dos templos de Umbanda facilitava, e facilita, a transição, pois o novo fiel vê neles ícones tidos como sagrados em sua antiga religião, e isso torna o ambiente mais familiar, receptivo e assimilável.

Os Orixás e a espiritualidade, sabedores da delicadeza de toda transição religiosa, até estimularam o uso de ícones religiosos cristãos nos templos de Umbanda.

Os cultos de nação têm alguns espíritos em suas teogonias (os ancestrais fundadores de suas nações) que, após o desencarne, foram divinizados, tal como acontece no catolicismo com a santificação dos seus religiosos excepcionais.

Não há contradição nesse sincretismo, pois, se um rei Yorubá pode ser elevado à condição de Orixá, um santo, que foi uma pessoa incomum no seu tempo, também pode, já que atende aos clamores de quantos creem em seus poderes divinos.

Se a teogonia Yorubá ou cristã está povoada por espíritos que se divinizaram na carne ou o foram após desencarnar, não há contradição no sincretismo, já que se associava um santo afim com um Orixá, tal como São Jorge a Ogum, Santa Bárbara a Iansã, etc.

Já a cosmogênese umbandista diferencia-se da cristã porque esta se fundamenta na judaica e aquela na nigeriana.

Na cosmogênese judaica, Deus criou tudo e entregou tudo pronto aos homens.

Na cosmogênese nigeriana, Deus (Olodumare ou Olorum) delegou aos Orixás a função de concretizar o ayê ou a terra (o planeta) e os seres que o habitariam.

Teogonia é uma coisa e cosmogênese é outra.

Quando duas teogonias se sincretizam, muitas coisas se nos mostram ou nos são ensinadas de forma confusa, incompreensível e difícil de ser apreendida, assimilada e retransmitida.

Isso também aconteceu com as nossas Sete Linhas de Umbanda, inexistentes na teologia ou em qualquer outro culto afro puro (o candomblé).

O sincretismo confundiu duas religiões e a existência destas nossas sete linhas embolou tudo, dificultando sua explicação lógica e correta.

Alguns autores umbandistas as descreviam como: linha do oriente; linha de santo; linha de São Jorge; linha de São Gerônimo; linha africana; linha de São Lázaro; linha de Oxalá, etc.

Tudo ficou confuso porque confundiram as correntes ou irradiações religiosas evocadas pelos espíritos-guias quando questionados sobre a qual Orixá pertencem.

Mas tudo isso foi necessário, pois nos "tempos" de então a preocupação dos espíritos mentores da Umbanda era a de fundar e concretizar uma religião, e não de codificá-la.

Espíritos oriundos de muitas religiões congregaram-se na Umbanda e cada um trazia ainda latente a sua última formação religiosa.

Essa diversidade de formações religiosas dos espíritos também foi, e ainda é, um fator de confusão entre os intérpretes umbandistas, já que, se um espírito-guia é hindu ou árabe, como encaixá-lo na hierarquia dos Orixás?

Muitas pessoas, sempre movidas pela vontade de ordenar a Teologia de Umbanda, explicaram ao seu modo o universo religioso de então. E, sempre movidos por essa vontade, tentaram impor definições pessoais para um mistério superior e anterior a todas as teologias existentes na face da terra, pois, na verdade, as sete linhas aludidas não são linhas de santos católicos ou de Orixás isolados, mas, sim, referem-se ao setenário sagrado, o doador de todas as religiões e de todas as divindades que formam as suas teogonias.

Sim. Todas as teogonias são formadas por divindades "doadas" pelo setenário sagrado, pois tudo e todos neste planeta são regidos e estão ligados a ele, o sustentador de todas as religiões.

O setenário sagrado é formado por sete Tronos ou Orixás ancestrais doadores das sete qualidades divinas que dão sustentação à vida, qualidades estas facilmente identificáveis, pois também dão origens aos elementos e às energias que "alimentam" nossos sentidos.

Os sete elementos são estes: o cristal, o mineral, o vegetal, o fogo, o ar, a terra, a água.

As sete energias são estas: energia cristalina, energia mineral, energia vegetal, energia ígnea, energia eólica, energia telúrica, energia aquática.

Os sete sentidos são estes: sentido da fé, sentido do amor, sentido do conhecimento, sentido da justiça, sentido da lei, sentido da evolução, sentido da geração.

O setenário sagrado também dá origem às sete telas refletoras planetárias. Telas estas que são formadas pelas vibrações mentais irradiadas pelos sete Orixás ancestrais.

As telas planetárias envolvem todo o planeta, todas as suas dimensões e todos os seus níveis vibratórios, não deixando nada ou ninguém de fora.

Todos os pensamentos e ações ressonam nessas telas refletoras dos acontecimentos e tudo fica gravado nelas.

No nível planetário e multidimensional os Tronos ou Orixás planetários são oniscientes, onipresentes e onipotentes, podendo interferir vibratoriamente na vida de um ser ou de uma dimensão inteira.

As sete irradiações planetárias não se restringem só ao nosso universo religioso (material ou espiritual), mas, sim, alcança tudo o que existe neste nosso planeta, mas que se mantém oculto de nós por pertencer a outras dimensões da vida, muito mais populosas que a nossa.

Essas outras dimensões da vida, todas ligadas ao plano material planetário, são regidas por Orixás ou Tronos dimensionais, denominados por nós de Tronos regentes de dimensões.

Dentro deste nosso planeta há sete dimensões elementares básicas, que são: dimensão cristalina pura, dimensão mineral pura, dimensão vegetal pura, dimensão ígnea pura, dimensão eólica pura, dimensão telúrica pura, dimensão aquática pura.

Cada uma delas tem um par de Orixás regentes, sendo que um é uma divindade masculina e outra é uma divindade feminina, ambas geradoras e irradiadoras de magnetismo mental, de energia viva e de sentimentos relacionados ao elemento que os distingue.

Então temos sete pares de Orixás elementais puros, e que são estes: Orixás cristalinos, Orixás minerais, Orixás vegetais, Orixás ígneos, Orixás eólicos, Orixás telúricos, Orixás aquáticos.

Estes Orixás elementares regentes de dimensões possuem suas hierarquias divinas, formadas por Orixás elementares regentes de faixas vibratórias ou evolutivas dos seres ainda no estágio elemental da evolução.

Estes Orixás regentes de faixas evolutivas, cada uma com um magnetismo específico, são denominados de Orixás elementares puros e suas irradiações são horizontais, alcançando tudo e todos que estiverem dentro das faixas regidas por eles, que são divindades, mas limitados à dimensão elemental a que pertencem.

Estes Orixás "médios" possuem suas hierarquias de Orixás menores, que atuam equilibrando os reinos elementares nos quais vivem milhões de seres ainda em evolução elemental pura.

Muitos guias de lei de Umbanda são ligados (estão assentados) a estes Orixás menores elementares puros e recorrem aos mistérios deles, assim como trabalham com suas energias, poderosas e fundamentais no campo da magia e das curas.

Um Orixá elementar é um irradiador de um tipo de energia que impressiona intensamente alguém que a estiver recebendo através do sentido associado a ele.

- os Orixás elementares do cristal atuam no sentido da fé.
- os Orixás elementares dos minerais atuam no sentido do amor.
- os Orixás elementares dos vegetais atuam no sentido do conhecimento.
- os Orixás elementares ígneos atuam no sentido da razão.
- os Orixás elementares do ar atuam no sentido da direção.
- os Orixás elementares da terra atuam no sentido da evolução.
- os Orixás elementares da água atuam no sentido da criatividade.

Estas sete classes de Orixás elementares estão totalmente associadas aos elementos da natureza terrestre e estão na base religiosa das Sete Linhas de Umbanda Sagrada, já que as sete irradiações vivas dos sete Orixás ancestrais se concretizam em todos os aspectos, inclusive na natureza física do nosso planeta.

Devemos saber oferendar e trabalhar com estes Orixás elementares puros, pois seus intermediadores costumam atender nossas evocações se devida e corretamente oferendados nos pontos de forças correspondentes aos seus magnetismos, energias e elementos concretos na natureza terrestre.

Quem tiver estes Orixás menores elementares assentados em seu templo torna-o impenetrável às investidas dos senhores das sombras, pois eles reagem esgotando todo o seu elemento no mental e no corpo energético de quem investir contra o templo onde forem assentados.

De todas as classes de Orixás, os elementares são os mais generosos e os mais temidos, pois tanto energizam quem lhes é simpático quanto desenergizam de forma fulminante quem lhes é antipático.

Caboclos e caboclas assentados junto desses Orixás elementares costumam ser demandadores ou curadores, ou ambos ao mesmo tempo.

Estas sete linhas elementares têm suas linhas de caboclos e caboclas dentro do Ritual de Umbanda Sagrada, aos quais denominamos assim: caboclos(as) cristalinos, caboclos(as) minerais, caboclos(as) vegetais, caboclos(as) do fogo, caboclos(as) do ar, caboclos(as) da terra, caboclos(as) da água.

Estas linhas de caboclos(as) são as que mantêm uma correspondência pura com as Sete Linhas de Umbanda, pois lidam (trabalham) com energias puras associadas a sentidos específicos dos seres. E atuam neles de forma a reequilibrá-los energeticamente, pois irradiam diretamente em seus corpos energéticos primários ou básicos ou elementares, corpo este que é a base dos outros corpos (plasmas) dos espíritos (tanto os encarnados como os desencarnados).

Como no passado associaram as Sete Linhas de Umbanda com apenas sete Orixás e até mesmo com sete santos católicos ou com sete linhas de trabalhos espirituais, o verdadeiro, o divino e poderosíssimo mistério e fundamento da Umbanda não pôde ser aberto aos umbandistas de então e toda a religião ficou sem parte do seu mistério, pois recolheram interpretações alheias sobre mistérios alheios para preencherem esse vazio.

Concluindo este comentário acerca das Sete Linhas de Umbanda, o encerramos dizendo isto:

- As Sete Linhas de Umbanda são as sete irradiações vivas de Deus absorvidas pelo nosso amado regente planetário e irradiadas através dos sete Orixás ancestrais, os concretizadores excelsos dessa nossa amada morada divina que denominamos planeta Terra.
- Os sete Orixás ancestrais são estes: Orixá da fé ou da religiosidade, Orixá do amor ou da concepção, Orixá do conhecimento, Orixá da razão ou justiça, Orixá da lei ou da ordenação, Orixá da evolução ou da transmutação, Orixá da geração ou da criatividade.
- As Sete Linhas de Umbanda são estas: linha da fé ou cristalina, linha do amor ou mineral, linha do conhecimento ou vegetal, linha da justiça ou ígnea, linha da lei ou eólica, linha da evolução ou telúrica, linha da geração ou aquática.

E não sete linhas espirituais ou de santos católicos. Ok?

2ª PARTE

Comentar as sete linhas não é tarefa fácil, pois elas são sete irradiações divinas e cada uma flui num grau vibratório próprio e influencia quem é alcançado por ela.

Essas irradiações divinas alteram nossos sentimentos mais íntimos e o nosso padrão vibratório, afinizando-nos com elas, que estimulam em nós a vibração de sentimentos nobres e virtuosos.

A associação das Sete Linhas de Umbanda com sete Orixás ancestrais, que são irradiadores de vibrações afins com as sete irradiações divinas, tem fornecido uma base religiosa à Umbanda e sustentado a fé de milhões de pessoas que incorporam seus os Orixás pessoais ao seu universo religioso.

A associação de Oxalá com a irradiação da Fé é automática. E o mesmo acontece com Xangô e a Justiça, com Oxum e o Amor, com Oxóssi e o Conhecimento com Ogum e a Lei, com Obaluaiê e a Evolução, com Iemanjá e a Maternidade. São sete irradiações, sete padrões vibratórios, sete Orixás ancestrais, sete sentidos da Vida e sete sentimentos. As correspondências são tão claras que saltam aos olhos.

Normalmente recorremos a definições abstratas para descrever o Amor ou a Fé. Mas quem entra em sintonia vibratória com os guias espirituais que atuam sob essas duas irradiações, logo começa a vibrar os sentimentos de amor e fé que eles irradiam o tempo todo. E muito mais intensas elas serão se nos colocarmos em sintonia com os próprios Orixás.

Eles nos inundam com tantas irradiações que transbordamos em amor e fé. Nossas vibrações se elevam tanto, que até nos sentimos diferentes enquanto as estamos absorvendo.

Então temos sete irradiações divinas que ativam em nosso íntimo a vibração de sentimentos nobres, todos análogos aos sete sentidos da Vida, que são:

- A Fé – As irradiações da Fé estimulam a religiosidade.
- O Amor – As irradiações do Amor estimulam as uniões.
- O Conhecimento – As irradiações do Conhecimento estimulam o raciocínio.
- A Justiça – As irradiações da Justiça estimulam a razão.
- A Lei – As irradiações da Lei estimulam a ordem.
- A Evolução – As irradiações da Evolução estimulam o equilíbrio.
- A Geração – As irradiações da geração estimulam a maternidade.

Assim temos:
Oxalá estimulando a religiosidade.
Oxum estimulando as uniões.

Oxóssi estimulando o raciocínio.
Xangô estimulando a razão.
Ogum estimulando a ordem.
Obaluaiê estimulando o equilíbrio.
Iemanjá estimulando a maternidade.

São sete Orixás que atuam através de vibrações que, quando nos alcançam, estimulam em nós sentimentos afins que passamos a vibrar.

Mas temos outros Orixás que estimulam estes sentimentos e atuam intensamente em nossas vidas.

– Como colocá-los nas sete linhas se elas são apenas sete, e muitos são os Orixás?

– Bem, precisamos entender que dentro das sete irradiações divinas atuam todos os Orixás conhecidos, mais aqueles que ainda não se mostraram a nós, os espíritos humanos.

As sete linhas de Umbanda, na verdade, não são sete Orixás, mas sim as sete irradiações divinas. E elas são sete vibrações de Deus que dão sustentação a tudo o que existe em nosso planeta.

Sim, as sete irradiações dão formação a sete essências, que dão origem a sete elementos, que dão origem a sete tipos de matérias, ou energias.

Assim, temos as essências:

- Cristalina
- Mineral
- Vegetal
- Ígnea
- Eólica
- Telúrica
- Aquática

Dentro dessas sete essências está tudo o que Deus criou em nosso planeta. Assim, temos ao nosso alcance tudo o de que precisamos para viver (tanto na carne quanto em espírito) e evoluir, segundo nossa capacidade ou vontade.

Como essências, são irradiações "essenciais" que penetram nosso mental e se espalham pelo nosso ser imortal, estimulando-nos de dentro para fora, ativando nossos sentimentos virtuosos.

Mas quando são irradiações "energéticas" ou elementais, elas estimulam nosso corpo energético, alterando nosso padrão vibratório, elevando-nos imediatamente. São essas irradiações que nos chegam através dos Orixás.

Então temos sete essências, sete elementos, sete "energias", sete irradiações, sete padrões vibratórios, sete sentimentos e muitos Orixás.

Como ordenar os muitos Orixás dentro dessas sete irradiações divinas, e que são as Sete Linhas de Umbanda?

Antes de mais nada é preciso entender que existem Orixás que, por sua própria natureza, são polarizadores e irradiam estas vibrações de forma passiva ou ativa.

Com isso estamos dizendo que, ainda no nível da essência, elas são indiferenciadas, pois nos chegam direto de Deus. Mas quando as recebemos dos Orixás, elas são elementais e já foram polarizadas. Logo, as sete linhas assumem esta polarização, surgindo, automaticamente, dois polos em cada uma delas.

Assim temos sete linhas, mas já precisamos de quatorze Orixás, pois uns ocupam os polos ativos e outros os polos passivos.

Nos polos ativo e passivo temos as naturezas distintas dos Orixás que atuam sob uma mesma irradiação. E é aí, nesta bipolarização, que os arquétipos dos Orixás vão se formando; aí eles vão se diferenciando e assumindo atribuições específicas, mesmo atuando sob uma mesma irradiação.

As lendas dos Orixás não explicam estas polarizações, mas as deixam implícitas na conduta deles quando "desceram" à Terra e se "humanizaram".

Como existe uma ciência que estuda os mistérios divinos e ela nos mostra claramente como os Orixás atuam em nossas vidas, sempre através de vibrações, então podemos estabelecer as sete linhas e mostrar quais são os quatorze Orixás que as ocupam e as sustentam na Umbanda. Assim, temos:

- Sete irradiações divinas:
  - Fé
  - Amor
  - Conhecimento
  - Justiça
  - Lei

- Evolução
- Geração

— Sete essências divinas:
- Cristalina
- Mineral
- Vegetal
- Ígnea
- Eólica
- Telúrica
- Aquática

— Sete elementos polarizados:
- Cristal
- Mineral
- Vegetal
- Fogo
- Ar
- Terra
- Água

— Sete energias básicas, também polarizadas:
- Cristalina
- Mineral
- Vegetal
- Ígnea
- Eólica
- Telúrica
- Aquática

— Sete sentidos afins com as sete virtudes:
- Sentido da Fé
- Sentido do Amor
- Sentido do Conhecimento
- Sentido da Justiça
- Sentido da Lei
- Sentido da Evolução
- Sentido da Geração

(Todas afins com as essências, os elementos e as irradiações divinas).

– Quatorze Orixás assentados nos polos das Sete Linhas de Umbanda:
- Na irradiação ou Linha da Fé estão Oxalá e Oiá (Tempo).
- Na irradiação ou Linha do Amor estão Oxum e Oxumaré.
- Na irradiação ou Linha do Conhecimento estão Oxóssi e Obá.
- Na irradiação ou Linha da Justiça estão Xangô e Iansã.
- Na irradiação ou Linha da Lei estão Ogum e Oroiná (Orixá do Fogo).
- Na irradiação ou Linha da Evolução estão Obaluaiê e Nanã.
- Na irradiação ou Linha da Geração estão Iemanjá e Omolu.

São sete linhas, quatorze polos e quatorze Orixás assentados neles, dando sustentação a todos os níveis vibratórios intermediários ocupados por muitos Orixás, que na Umbanda chamamos de "Orixás Intermediários", ou regentes dos níveis vibratórios das Sete Linhas de Umbanda Sagrada, onde se formam as hierarquias divinas que regem os seres e os estimulam com suas irradiações de fé, amor, conhecimento, justiça, lei, evolução e geração.

Oxalá é passivo e Oiá é ativa.
Oxum é ativa e Oxumaré é passivo.
Oxóssi é ativo e Obá é passiva.
Xangô é passivo e Iansã é ativa.
Ogum é passivo e Oroiná é ativa.
Obaluaiê é ativo e Nanã é passiva.
Iemanjá é passiva e Omolu é ativo.

Oxalá e Oiá atuam na Linha da Fé ou religiosidade.
Oxum e Oxumaré atuam na Linha do Amor ou concepção.
Oxóssi e Obá atuam na Linha do Conhecimento ou raciocínio.
Xangô e Iansã atuam na Linha da Justiça ou razão.
Ogum e Oroiná atuam na Linha da Lei ou ordem.
Obaluaiê e Nanã atuam na Linha da Evolução ou equilíbrio.
Iemanjá e Omolu atuam na Linha da Geração ou maternidade.

Estes Orixás formam os pares das Sete Linhas de Umbanda, já polarizadas, e dão sustentação vibratória a todos os trabalhos nos templos de Umbanda Sagrada.

Nos níveis vibratórios destas sete linhas encontramos os Oguns, Oxuns, Oxóssis, Oxalás, Omolus, Obaluaiês, Iemanjás, Iansãs, Xangôs,

Oiás, etc., pois estes são Orixás intermediários e regentes de níveis vibratórios ou faixas onde são acomodados os seres afins entre si e num mesmo estágio evolutivo e grau consciencial.

Muitos escritores de Umbanda já escreveram muita coisa, mas faltava-nos esta ciência que só agora está sendo aberta ao plano material através da psicografia mediúnica, que é um dos meus dons regidos pelos sagrados Orixás e direcionado para abrir aos umbandistas, ou não, a "Ciência dos Orixás", que são divindades naturais e formam as hierarquias divinas regentes do nosso planeta e das muitas dimensões da Vida nele existentes, ainda que sejam invisíveis aos nossos olhos materiais.

3ª PARTE

1. As Sete Linhas de Umbanda vêm sendo discutidas e/ou comentadas desde o início da religião umbandista.

2. Muitos autores de livros de Umbanda as descreveram segundo as informações colhidas por eles, e que estavam disponíveis nos seus tempos.

3. Estas descrições serviram e ajudaram os umbandistas a entender parcialmente as várias irradiações existentes, ainda que em alguns casos elas tenham sido descritas como linhas de trabalhos espirituais.

4. Todos os pioneiros, ainda que estejam no caminho certo, pagam o preço de se verem superados posteriormente porque a dinâmica do conhecimento é muito rápida, e quando um assunto é fundamental para uma religião, as informações sobre ele não param de surgir, aperfeiçoando as suas interpretações.

5. Assim foi com as "sete linhas" e conosco, pois, de repente, toda explicação deste mistério nos chegou através da psicografia, e trazia em seu bojo todo um conhecimento adicional sobre os Orixás e sobre o Setenário Sagrado. Fato este que tornou mais fácil a compreensão deste fundamento da nossa religião.

6. Não devemos menosprezar ou desdenhar todas as anteriores interpretações sobre as sete linhas, pois sem elas não teríamos

chegado a esta, que, se é mais ampla e mais bem fundamentada, no entanto deverá ser aperfeiçoada, aprovada e incorporada aos conhecimentos teológicos umbandistas e, mesmo, até poderá não empolgar ninguém e cair no esquecimento, abrindo espaço para novas interpretações.

7. A Umbanda é formada por diversas correntes de pensamento e cada uma deu sua contribuição para que, pouco a pouco, fossem surgindo as interpretações umbandistas de fundamentos religiosos já muito antigos, pois o "Setenário Sagrado" não é revelação recente e já vem sendo comentado há séculos, sempre segundo a visão da religião que o interpretou e incorporou à sua teologia.

8. De novo, só acrescentamos que as Sete Linhas de Umbanda não são sete Orixás, já que são as sete irradiações vivas de Deus, e nelas estão assentadas, hierarquicamente, todas as divindades de Deus.

9. Sim, se temos as irradiações da fé, do amor, do conhecimento, da justiça, da lei, da evolução e da geração, todas as classes de divindades (anjos, arcanjos, tronos, serafins etc.) são regidas por elas e manifestam seus mistérios através delas, pois umas são divindades da fé, outras são divindades do amor, outras são divindades da lei, etc., não importando se são anjos, arcanjos ou tronos, sendo que estes últimos são os nossos amados Orixás.

10. O Setenário Sagrado está na base das manifestações, sejam elas de divindades ou de espíritos, pois algo superior, anterior e mais abrangente sempre dá sustentação a elas.

11. Na Umbanda, o Setenário Sagrado dá sustentação às suas sete linhas mestras (suas sete irradiações vivas) e a todas as linhas de Orixás, linhas de espíritos e linhas de trabalho.

12. As sete linhas não são desse ou daquele Orixá, mas, sim, de todos eles, pois em cada uma delas todos estão assentados por meio dos seus intermediários hierárquicos.

13. Nós podemos fundamentar nas sete linhas todas as linhas porque todas são derivadas delas e elas estão na base de sustentação de todas.

14. Assim, temos: 1ª Linha da Fé – Oxalá e Logunan
    2ª Linha do Amor – Oxum e Oxumaré
    3ª Linha do Conhecimento – Oxóssi e Obá
    4ª Linha da Justiça – Xangô e Iansã
    5ª Linha da Lei – Ogum e Oroiná
    6ª Linha da Evolução – Obaluaiê e Nanã
    7ª Linha da geração – Iemanjá e Omolu

15. Estas sete linhas e estes quatorze Orixás que ocupam seus polos energético-magnéticos formam um universo divino tão vasto que formam uma vasta teogonia.

16. Só para que entendam a grandeza deste universo divino contido nas sete linhas mestras da Umbanda, vamos comentar uma linha derivada da 5ª Linha ou Linha da Lei, da qual destacamos Ogum, Orixá que pontifica o polo magnético positivo dela.

Ogum não é em si uma linha mestra, pois ele só surge posterior ao Orixá essencial da Lei. Nela, Ogum é o pontificador de um dos polos da 5ª Linha, compartilhada também por Oroiná, que o complementa com seu Mistério Ígneo, polarizando ar e fogo.

Mas Ogum ocupa seu polo positivo porque é em si um mistério básico da Lei Maior e é em si a própria ordenação da Criação Divina.

Logo, por ser em si este mistério de Deus, Ogum é o regente de uma linha pura da Lei Maior, cuja hierarquia é toda formada pelos seus Oguns intermediários (médios) e intermediadores (menores).

Com isso, na linha de Ogum temos um Orixá maior (o próprio Ogum), vários Orixás médios (os Oguns regentes dos níveis vibratórios) e muitos Orixás menores (os Oguns intermediadores para os subníveis vibratórios e para os muitos domínios ou reinos presididos por Orixás localizados e responsáveis pela evolução dos seres que vivem neles).

Além destes Oguns, ainda temos as linhas de trabalho de Ogum, que são linhas formadas por espíritos cuja ancestralidade ou cuja segunda qualidade é regida por Ogum.

Os espíritos cuja ancestralidade é regida por ele, são os guias de Ogum que atuam sob a regência de outros Orixás, tal como o senhor Caboclo Rompe-Matas, que é um caboclo de Ogum que atua sob a irradiação de Oxóssi.

Já os cuja segunda qualidade é regida por Ogum, estes têm outro Orixá em sua ancestralidade, mas trabalham sob a irradiação de Ogum, tal como o senhor Caboclo Pena Vermelha.

17. Atentem bem para o que foi comentado linhas atrás, pois aí também temos linhas de Umbanda, tais como as linhas de Caboclos Rompe-Matas e Caboclos Pena Vermelha. Só que são linhas formadas por espíritos e classificadas como linhas de trabalhos de Umbanda.
18. Se são linhas de trabalhos de Umbanda, é porque estes espíritos se manifestam sob a irradiação da religião umbandista, e não no espiritismo ou no candomblé, ainda que nada os impeça de se manifestarem sob a irradiação espírita ou candomblecista, caso seus médiuns optem por seguir estas outras religiões mediúnicas, já que, nelas, o Trono da Lei (Ogum) também está presente como regente e aplicador da Lei Maior na vida dos seres.
19. Sim, o Setenário Sagrado é o doador e sustentador de todas as religiões e está na base divina de todas elas, ainda que não se mostre claramente em muitas delas.

Por isso, um espírito que, na Umbanda, atende pelo nome simbólico Pena Vermelha, ou Rompe-Matas, em outra religião mediúnica pode atender pelo seu último nome no plano material ou por um de alguma de suas encarnações anteriores caso não queira chamar a atenção de ninguém para si.

20. Os Orixás regentes das sete linhas são os nossos ancestrais divinos e doadores das nossas qualidades.
21. Os Orixás pontificadores dos seus quatorze polos energético-magnéticos são os Orixás naturais (associados à natureza).
22. Estes quatorze Orixás ocupam os polos energéticomagnéticos das sete irradiações vivas e divinas, e que são verticais.
23. Os membros de suas hierarquias (os Orixás intermediários) ocupam os polos que surgem a partir do cruzamento das 7 irradiações verticais com as sete correntes eletromagnéticas horizontais positivas e as sete negativas. Já os Orixás intermediadores ocupam os polos energético-magnéticos que surgem a partir das irradiações horizontais, verticais e inclinadas dos Orixás intermediários.

24. Assim, resumindo e simplificando, temos isto:
    - um Orixá maior
    - sete Orixás intermediários
    - quarenta e nove Orixás intermediadores
25. E isso para um único polo energético-magnético de uma das Sete Linhas de Umbanda.
26. Só no entrecruzamento das sete irradiações verticais com as sete correntes eletromagnéticas horizontais positivas e negativas temos quatorze Orixás maiores; trezentos e quarenta e três Orixás intermediários e 16.807 Orixás intermediadores.
27. E mesmo estes Orixás intermediadores (que são divindades) têm suas hierarquias assentadas nos muitos entrecruzamentos.
28. Os entrecruzamentos são polos energético-magnéticos, cujo magnetismo é específico em cada um e cuja energia viva, irradiada por estes Orixás, é um amálgama resultante das muitas irradiações verticais, horizontais e inclinadas que lhes chegam dos seus superiores hierárquicos, tantos dos de sua própria linha como das outras, que também os influenciam o tempo todo.
29. Este é o universo divino da religião umbandista e é a sua base de sustentação divina; e a base de sustentação de todos os trabalhos espirituais realizados por seus médiuns; é a base de sustentação de todas as manifestações de espíritos.

Logo, no astral, a Umbanda é organizadíssima e está em sintonia total com o Setenário Sagrado e seus Sete Tronos Regentes, que estão sintonizados com o Regente Planetário, que é em si uma individualização de Deus, o nosso Divino Criador e senhor da nossa fé, religiosidade e religião.

4ª PARTE

1. O simbolismo dos nomes dos "Guias de Umbanda" é uma forma de os espíritos não se identificarem pelos seus nomes terrenos.
2. Os nomes estão associados a elementos da natureza e, como os Orixás a regem, pois são seus concretizadores divinos, então, se associarmos os elementos delas a eles, identificamos qual é o seu regente ancestral e sob qual ou quais irradiações um espírito-guia atua.

3. Usar um nome simbólico é muito positivo, pois sob um só nome muitos espíritos podem se manifestar e com isso formam uma linha de trabalhos espirituais voltada totalmente para a religião, seus mediadores e os frequentadores dos templos de Umbanda.
4. Como muitos espíritos-guias usam um mesmo nome simbólico, isso também ajuda a anular vaidades pessoais nos médiuns e impede que um determinado nome comece a ser "endeusado" pelas pessoas beneficiárias do seu trabalho luzeiro ou pelo seu médium incorporador.
5. Quanto à aparência que os espíritos-guias plasmam para se manifestar durante os trabalhos, isso se deve ao fato de que uma energia plasmável reveste o corpo energético como se fosse uma "pele".
6. Esse revestimento plasmável é um mistério, pois tanto mostra a aparência que um espírito teve em sua última encarnação como reflete seus sentimentos íntimos e seu estado consciencial.
7. Em função dessa sua "maleabilidade", o corpo plasmático dos espíritos tanto pode ser amoldado mentalmente por eles como pode ser usado como ocultador de suas identidades.
8. Na Umbanda nem todos os espíritos-guias "caboclos" foram índios em suas últimas encarnações. E o mesmo se aplica aos "Pretos-Velhos" e às outras linhas de trabalhos, tais como Exus, baianos, boiadeiros, marinheiros, etc. Mas, para se manifestarem bem caracteristicamente segundo os arquétipos já coletivizados na religião e já definidos no inconsciente dos umbandistas, esses espíritos-guias podem plasmar aparências arquetipiais e se mostrarem como tais, pois assim, caso sejam vistos pelos médiuns videntes, estes não se surpreenderão com a visão do espírito de um "alemão", por exemplo, falando como um "baiano".

Se colocamos aspas, é porque espíritos são energias vivas, e não raças terrenas.

9. Também é muito comum o fato de espíritos ocultarem seus passados sombrios ou desvirtuados debaixo de novas aparências plasmadas, pois assim, disfarçados, não são reconhecidos por seus desafetos ou inimigos. Mas essas aparências só os ocultam dos que tiverem o mesmo grau visual, pois um espírito luzeiro

pode ver muito bem quem é realmente o ser por baixo de sua aparência plasmada.
10. Quanto às vestimentas energéticas que cobrem o corpo dos espíritos, muitos usam cópias astrais das que usavam no plano material. Mas o mais comum é plasmarem mentalmente as vestes que mais os agradam.
11. Mas existem as vestes simbólicas, às quais recorrem os espíritos-guias, pois elas servem para identificar a hierarquia a que pertencem.
12. Este mistério das vestes simbólicas é muito mais acentuado entre os seres naturais (não encarnantes), pois cobrem seus corpos energéticos com vestes idênticas às dos seus Orixás regentes.
13. E isso é assim porque eles são manifestadores naturais do mistério dos seus regentes. Inclusive, os guias espirituais copiaram deles este costume e se cobrem com uma veste igual à dos líderes das linhas a que pertencem, distinguindo-os por falanges.
14. Quanto aos "tronos", temos uma classe de divindades que são denominados tronos, já que não são anjos, arcanjos ou serafins.
15. Os tronos são Orixás e vice-versa.
16. Todo trono é identificado por um símbolo sagrado. Símbolo este que é identificador da sua linha regente, assim como do campo onde atua como divindade responsável por ele e pelos seres que vivem e evoluem sob sua irradiação.
17. Temos as hierarquias puras, identificadas pelas sete essências, sendo que estas hierarquias são irradiadoras dos mistérios originais dos sete Orixás ancestrais.
18. Temos também as hierarquias dos tronos mistos ou multienergéticos, pois são de uma irradiação, mas atuam em outras, tal como vimos no exemplo dos caboclos Rompe-Matas e Pena Vermelha. Se bem que foi nestes tronos mistos que as linhas de trabalhos espirituais se fundamentaram.
19. Temos também os tronos unidimensionais e os multidimensionais.
20. Os tronos unidimensionais atuam em uma só dimensão, em hierarquias verticais.
21. Os tronos multidimensionais atuam em várias dimensões, em hierarquias horizontais e inclinadas.

22. Os tronos localizados formam uma classe de divindades específicas, pois são regentes de reinos ou domínios, sendo que dentro deles vivem e evoluem os seres cujas faculdades são abertas e trabalhadas por estes Orixás, que dão sustentação mental e impõem o ritmo evolutivo dos seus filhos e filhas naturais.
23. Os tronos minerais formam outra classe específica de divindades associadas à nossa amada mãe Oxum Maior.
24. Temos os seguintes tronos minerais, já bem conhecidos de nós porque estão atuantes no Ritual de Umbanda Sagrada:
    Trono ou Orixá Oxum das Cachoeiras
    Trono ou Orixá Oxum das Fontes
    Trono ou Orixá Oxum do Ouro
    Trono ou Orixá Oxum da Prata
    Trono ou Orixá Oxum do Arco-Íris
    Trono ou Orixá Oxum das Pedras
    Trono ou Orixá Oxum do Coração
25. Mas existem muitos outros tronos minerais, descritos na Teogonia Yoribana como qualidades de Oxum.
26. Tronos cristalinos formam as hierarquias regidas pelo Orixá Oxalá, que é o Trono da Fé.
27. Todos os tronos energéticos possuem suas hierarquias puras e mistas.
28. Quanto aos tronos negativos, eles estão assentados nos polos energético-magnéticos opostos, que atuam sobre os seres desequilibrados, atraindo-os e retendo-os em seus campos vibratórios até que se reequilibrem e possam retomar suas evoluções retas. Eles também possuem suas hierarquias e muitos dos seus membros atuam na Umbanda a partir da esquerda, sob o manto e a regência do Mistério Exu.

O Simbolismo na Umbanda

A Umbanda tem no simbolismo um dos seus fundamentos e tem recorrido a ele desde sua "fundação", porque no próprio nome do seu espírito fundador o simbolismo já estava presente.

Sim, o nome "Caboclo das Sete Encruzilhadas" é totalmente simbólico, pois caboclo é uma palavra que distinguia as pessoas mestiças do século XIX, os sertanejos. E sete encruzilhadas são as sete linhas de Umbanda entrecruzando-se num mistério regido pelo Orixá Oxalá, o regente do nosso planeta.

O simbolismo está tão visível que até os Orixás regentes dos níveis vibratórios ou faixas evolutivas são evocados através de nomes simbólicos.

Ou não é verdade que, se temos um Orixá Ogum, o regente e aplicador da Lei Maior, também temos os Orixás Oguns regentes dos níveis vibratórios, tais como:

- Ogum Beira-Mar;
- Ogum Megê "Sete Espadas";
- Ogum Sete Lanças;
- Ogum das Pedreiras;
- Ogum das Cachoeiras;
- Ogum das Matas ou Rompe-Matas;
- Ogum Sete Ondas, etc.

Também temos um Orixá Xangô, regente e aplicador da Justiça Divina e temos os Xangôs regentes dos níveis vibratórios, tais como:

- Xangô Sete Montanhas;
- Xangô Sete Pedreiras;

- Xangô Sete Cachoeiras;
- Xangô da Pedra Branca;
- Xangô da Pedra Preta;
- Xangô dos Sete Raios, etc.

E o mesmo simbolismo se aplica na identificação de todos os Orixás regentes dos níveis vibratórios assim como dos Orixás regentes dos mistérios que dão sustentação às linhas de trabalhos espirituais que se manifestam nos templos de Umbanda.

Até os Orixás individuais ou pessoais, que são os que acompanham os médiuns e que eventualmente incorporam neles, apresentam-se com nomes simbólicos que identificam seus regentes assentados nos níveis vibratórios.

– Ogum é Ogum; Ogum Rompe-Matas é o seu intermediador que atua como ordenador nos campos do Orixá "maior" Oxóssi. E vice-versa para o senhor Oxóssi do "Ar" ou da Lei.

Este simbolismo, por ser um dos fundamentos da Umbanda, é usado também pelos espíritos que incorporam nos seus médiuns durante as sessões de trabalhos espirituais.

Ou não é verdade que manifestam milhares e milhares de espíritos que se apresentam com nomes simbólicos, tais como:

- Caboclos Rompe-Matas
- Caboclos Tupinambá
- Caboclos Ubirajara
- Caboclos Beira-Mar
- Caboclos Arranca-Toco
- Caboclos Mata-virgem
- Caboclos Sete-folhas
- Caboclos Pena-verde
- Caboclos Sete-espadas
- Caboclos Ubiratã
- Caboclos Urubatão
- Caboclos Jurema
- Caboclos Indaiá
- Caboclos Jupira
- Caboclos Jandira, etc.

O simbolismo está tão visível e tão disseminado que só não o vê quem não quer, já que o seu uso se aplica desde os Orixás intermediários até as linhas de esquerda, fato este que leva os médiuns a se referirem aos seus guias espirituais desta forma:

- O "meu" caboclo Arranca-Toco
- O "meu" Exu Tranca-Ruas
- O "meu" Preto-Velho Pai João
- O "meu" Ogum Megê, etc.

Se procedem assim, é porque há muitos caboclos que se identificam pelo nome Arranca-Toco; há muitos Exus Tranca-Ruas; há muitos Pretos-Velhos Pai João; há muitos Oguns Megê pessoais, etc., etc., etc.

Seria tolice alguém imaginar que o seu caboclo Sete Espadas ou seu Exu Tranca-Ruas são os únicos existentes, pois a realidade nos mostra que, às vezes, em um mesmo templo manifestam-se vários espíritos, todos se identificando com o mesmo nome simbólico.

Nos templos com mais de uma centena de médiuns a repetição de nomes é muito comum e não causa estranheza a ninguém.

Mas também é corriqueiro acontecer de um templo já ter um caboclo, Preto-Velho ou Exu manifestando-se com um nome e, caso um novo médium manifeste um guia com o mesmo nome, o médium mais antigo reage negando a veracidade da nova manifestação, pois se sente o "dono" de tal entidade ou nome simbólico. E chegam a expulsar o novo guia com o mesmo nome, tachando-o de mistificador, quiumba ou impostor.

Temos certeza de que um dia os médiuns que agem assim, egoisticamente e possessivamente quanto ao nome do "seu" guia, terão uma surpresa, pois, do outro lado da vida descobrirão que os nomes simbólicos são um recurso da Umbanda para identificar os espíritos regidos pelos Orixás regentes dos seus mistérios, também identificados pelos nomes simbólicos.

Os Pontos Riscados na Umbanda

Os pontos riscados são um mistério e são um dos fundamentos divinos da religião umbandista, pois desde as primeiras manifestações espirituais os guias de lei de Umbanda já riscavam seus pontos de "firmeza" de trabalhos, de identificação da sua "linha", de "descargas", etc.

Isso é de conhecimento amplo e muitos escritores umbandistas da primeira metade do século XX registraram em seus livros muitos pontos riscados dos "seus" guias ou de outros, coletados por eles em seus estudos sobre esse mistério da Umbanda.

Os pontos riscados sempre despertaram a curiosidade dos médiuns umbandistas e não foram poucos os que se dedicaram ao estudo deles, procurando entender o segredo das suas funcionalidades assim como os significados dos signos e símbolos "cabalísticos" inscritos neles pelos guias espirituais.

Muitos livros com pontos riscados foram publicados, e eu tenho alguns impressos de cerca de cinquenta anos atrás, cujos autores visitavam centros e copiavam os pontos que os guias riscavam, pois era comum o hábito de se riscar pontos para firmeza, descarga ou virada de magias negativas.

Mas, se os guias deixavam que fossem copiados e publicados, no entanto eram reticentes quanto aos significados dos signos e símbolos que inscreviam.

O máximo que revelavam era sobre a "falange" à qual pertenciam ou qual eram as linhas de Orixás ali firmadas.

Esse silêncio dos guias levou muitos umbandistas a buscar informações em autores estrangeiros e em antigos livros de magia importados da Europa, pois o assunto era instigante e muitos dos signos e símbolos riscados nos pontos eram iguais aos dos "selos", pantáculos e alfabetos mágicos coletados por iniciados e pesquisadores europeus que se dedicavam ao estudo da magia, da teurgia, da escrita mágica e da simbologia.

Mas, como faltavam os reais fundamentos dos alfabetos mágicos, dos signos e dos símbolos, porque desconheciam o mistério das divindades que os regem, os umbandistas continuaram sem saber muita coisa sobre os pontos riscados pelos seus guias espirituais, que pouco revelavam sobre este mistério.

Eu mesmo me dediquei por vários anos ao assunto e pouco descobri nos livros à disposição. Quando eu inquiria algum guia sobre o mistério dos pontos riscados, só obtinha explicações parciais ou evasivas e a recomendação de continuar minha busca porque um dia eu encontraria em mim mesmo a resposta sobre este mistério.

Depois de procurá-la por anos e anos, acabei desistindo e aquietando minha curiosidade. E quando recebi mensagens de alguns espíritos, que posteriormente resultaram na primeira edição deste livro, escrevi em sua apresentação que os médiuns de Umbanda deviam confiar nos seus guias, pois eles dominavam a ciência dos pontos riscados durante os trabalhos espirituais.

Em 1990, na sua apresentação, escrevi isto: "Para aqueles que se dedicam ao Ritual (de Umbanda) de uma maneira iniciática, podemos argumentar com aquilo que os mestres da luz nos transmitiram em outras obras (de outros autores inspirados), e que nos inspiram profunda sabedoria, ou seja, que a Umbanda traz em si energia divina viva e atuante, à qual nos sintonizamos a partir de nossas vibrações mentais, racionais e emocionais. Energias estas que se amoldam segundo nosso entendimento do mundo."

Hoje, onze anos depois, estou mais convencido ainda sobre o acerto dessa minha afirmação. Médiuns sem conhecimentos ocultistas, mas movidos pela fé e pelo amor, têm realizado um trabalho magnífico dentro da Umbanda, pois esta mesma fé e amor são as chaves-mestras que ativam os mistérios dos nossos amados Orixás durante seus trabalhos espirituais.

Estes médiuns (a maioria dentro da Umbanda) entendem pouco de ocultismo ou esoterismo, e, no entanto, curam pessoas, abrem seus "caminhos", cortam demandas, harmonizam lares, etc., movidos unicamente pela fé e amor que vibram e que os colocam em sintonia vibratória com a energia divina viva e atuante (os Orixás) que a Umbanda traz em si.

Esses médiuns, movidos pela fé e amor, são a prova viva de que, em religião, os sentimentos valem mais que os conhecimentos ocultistas, iniciáticos ou esotéricos. Já que, se não vibrarmos fé e amor, não ativamos os sagrados Orixás (as energias vivas divinas e atuantes que a Umbanda traz em si).

Mas também escrevi isto:

"Àqueles que se interessam pelos aspectos iniciáticos, podemos dizer que tudo o que disserem ou fizerem, desde que esteja de acordo com a lei, e vier a ser fonte elucidativa dos mistérios contidos na Umbanda, encontrará correspondência energética no astral, pois o princípio (o mistério) se amoldará ao conhecimento que transmitem."

Mais uma vez o tempo me confirmou, pois nestes onze anos posteriores encontrei médiuns dotados de conhecimentos ocultistas, que os adquiriram em fontes não umbandistas, mas que os adaptaram aos seus trabalhos espirituais e têm sido luzes na vida das pessoas que atendem.

Também escrevi isto:

"Se dizemos isto é porque os mestres nos ensinam que o 'verbo' não está contido numa só língua ou grafia iniciática (alfabeto ou escrita mágica), mas que, quando verdadeira é a língua ou grafia, através dela o 'verbo' (Deus) se manifesta. Logo, se um irmão de fé num grau não iniciático, mas instruído pelo seu mentor, riscar um ponto análogo às forças do seu regente (Orixá), ativará forças análogas àquelas ativadas pelo mais profundo dos conhecedores da lei de pemba, ainda que não tenha conhecimento desta, pois não se deu ao trabalho de conhecê-la ou de buscar níveis conscienciais (conhecimentos) mais sutis (elevados).

Isto é assim porque todo médium de Umbanda, não importando o seu grau, é o aparelho incorporado pelos guias, mentores e Orixás. E esta incorporação se processa tanto no médium que está se iniciando no ritual quanto no médium já iniciado nos seus mistérios mais profundos."

O tempo mais uma vez me confirmou quando, finalmente, encontrei as respostas sobre as escritas mágicas, e fui autorizado a ensiná-la de forma aberta nos meus cursos de magia. Vi pessoas que não são médiuns riscarem pontos cabalísticos e, após ativá-los com as evocações que lhes ensinei, realizarem ações magníficas, tais como: anular magias negras, curar pessoas, harmonizar famílias, etc., sempre movidos pela fé, amor, confiança e determinação (as chaves da magia e de tudo o mais a que nos propomos realizar em nossa vida).

De fato, o "verbo", que é Deus, não está contido numa só língua (um alfabeto mágico) ou numa só grafia (escrita mágica), pois todas as línguas e grafias já compiladas no campo da magia são partes de um código divino, no qual as línguas (os mantras) e as grafias (os signos mágicos) até agora abertos para o plano material são tão poucos e tão limitados que não devemos nos envaidecer ou nos assoberbar com o que recebemos.

A abertura do mistério das ondas vibratórias geradas e irradiadas pelos sagrados Orixás nos revelou algo inimaginável até então em toda a história da magia: todos os alfabetos (línguas) e todas as grafias (símbolos e signos) são inscrições dessas ondas vivas divinas e atuantes, cujos "pedacinhos" formam letras ou signos com poderes mágicos.

Após a abertura do mistério das escritas mágicas no ano de 1995, tudo o que eu sempre havia procurado me foi revelado e comecei a entender os alfabetos, os símbolos e os signos da magia riscada simbólica usada pelos guias de Umbanda. E isso só confirmou o que eu havia escrito na primeira apresentação deste livro, agora revisado e ampliado, pois junto com esta revelação vieram muitas outras sobre os sagrados Orixás e os fundamentos divinos da nossa religião.

De fato, se um médium, incorporado ou instruído pelo seu guia, mentor ou Orixá, riscar um ponto "cabalístico", este terá o poder de realizar toda uma ação magística, pois ele conhece profundamente este mistério da Umbanda.

O médium pode não conhecê-lo, mas seu guia de lei conhece e usa sempre que é preciso, pois ele (o guia) é um espírito "iniciado" nos mistérios dos Orixás e uns se apresentam como de Ogum, outros se apresentam como de Oxóssi, etc.

Com estas minhas explicações de agora, espero que as pessoas, que então me criticaram, entendam que eu havia escrito uma verdade. Elas é que não se deram ao trabalho de refletir sobre ela, porque, com certeza, não inventamos as grafias mágicas usadas, já que nas suas primeiras manifestações os guias de lei já riscavam seus pontos de descarga ou de firmeza dos terreiros de Umbanda onde incorporavam.

Se riscavam, riscam e sempre riscarão flechas, espadas, luas, cruzes, sóis, triângulos, etc. em seus pontos, hoje sabemos que todos esses signos e símbolos mágicos são partes de uma escrita mágica tão vasta, que o livro *A Escrita Mágica dos Orixás* é só uma página do imenso *Código da Magia Riscada*, a ser publicado futuramente por nós.

Saibam que tudo o que já sabemos e o que um dia ainda haveremos de aprender faz parte do "Código Divino da Magia Riscada", que é onde os guias de lei da Umbanda estudam.

Este livro vivo e divino é formado pelas ondas vibratórias dos sagrados Orixás. E quando um espírito-guia se assenta sob a irradiação de um deles só então recebe a outorga divina de inscrever com a pemba seus signos, seus símbolos e suas ondas vibratórias em seus pontos riscados.

Se um espírito não se assentar na irradiação de um ou vários Orixás, ele não tem a permissão de riscar pontos de firmeza, de descarga ou de anulação de magias negativas, pois não ativará nada e só estará "mistificando", porque não assumiu o grau de "guia de lei de Umbanda".

E o mesmo acontece com as pessoas que não se iniciaram, pois podem aprender tudo sobre a escrita mágica dos Orixás, mas não receberam a outorga para ativá-los.

Os pontos riscados da Umbanda são um mistério da magia divina e só quem for iniciado e se consagrar como instrumento mágico de Lei Maior e da Justiça Divina poderá trabalhar com ela sem estar incorporado, só sendo instruído pelo seu mentor espiritual ou "guia de lei da Umbanda".

Os Guias de Lei de Umbanda

Os espíritos têm muitas vias evolutivas à disposição e seguem aquela que se mostra mais afim com suas naturezas íntimas e suas expectativas sobre seus futuros.

Entre estas vias, algumas são tão atrativas que se tornam "religiões" aqui no plano material.

A Umbanda Sagrada é uma dessas vias evolutivas, pois a quantidade de espíritos que afluem para ela é tão grande que foi preciso criar linhas ou correntes espirituais para acomodar tantos espíritos ávidos por manifestarem-se através da incorporação mediúnica.

Essas linhas cresceram tanto que formaram hierarquias, todas pontificadas por espíritos mentores de Umbanda.

Elas têm nomes simbólicos, sempre associados aos elementos da natureza, aos vegetais, aos animais, às cores, etc.

Entre tantos espíritos, destacamos os que denominamos "guias de lei" para comentarmos.

Saibam que, por guia de lei, entendemos os espíritos que já se assentaram à direita e à esquerda dos sagrados Orixás e os servem religiosa e magisticamente, sempre trabalhando em benefício da evolução da humanidade, tanto dos espíritos encarnados quanto dos desencarnados.

São portadores de graus e manifestadores espirituais dos dons e mistérios naturais dos sagrados Orixás.

São incansáveis, tenazes, determinados e jamais desanimam ou fraquejam nas suas fainas evolucionistas.

Manifestam poderes que escapam aos espíritos ainda em evolução e não medem esforços para auxiliá-los, onde quer que estejam.

Formam uma "elite" espiritual zelosa e obreira, não se importando com os locais onde têm que se manifestar, pois sabem que seus templos são seus médiuns e será através deles que realizarão boa parte de suas atribuições religiosas ou mágicas.

Os guias de lei de Umbanda têm permissão para adentrar em muitas das dimensões da vida existentes neste nosso abençoado planeta, diferenciadas entre si e isoladas umas das outras pelos graus magnéticos da escala vibratória horizontal. Escala esta que se estende desde o polo direito e positivo até o polo esquerdo e negativo da escala horizontal divina.

Eles já tiveram abertas muitas faculdades espirituais, que são aberturas de canais divinos pelos quais fluem continuamente os dons e mistérios dos sagrados Orixás.

Trabalham como agentes da Lei Maior e da Justiça Divina e atuam como transmutadores carmáticos, como refreadores das investidas de espíritos trevosos, como anuladores de magias negativas e como atratores naturais de espíritos menos evoluídos ou ainda inconscientes da grandeza da obra divina existente dentro deste nosso planeta, e que não se limita só à dimensão espiritual.

Seus campos de ação e atuação são vastíssimos e estendem-se até os limites dos domínios dos seus regentes naturais, que são os Orixás intermediadores.

Muitos deles assentam-se nos domínios fechados dos Orixás e, a partir deles, atuam como instrutores humanos dos nossos irmãos naturais ainda em evolução fechada, isolados nos muitos níveis evolutivos, pois não desenvolveram campos magnéticos mentais, protetores contra os muitos tipos de energias elementares ou naturais existentes no nosso todo planetário, que é multidimensional.

Quando esses nossos irmãos naturais desenvolvem seus magnetismos mentais protetores, então eles são trazidos pelos guias de lei de Umbanda para a nossa dimensão espiritual humana, na qual poderão entrar em contato com as energias poderosas do plano material da vida.

Estes contatos energéticos são muito importantes para o "amadurecimento" mental e energético dos nossos irmãos naturais, sempre monitorados pelos nossos guias de lei de Umbanda.

Muitos são seus campos de ação e muitas são suas atribuições, recebidas dos seus regentes Orixás.

Salve os Guias de Lei da Umbanda!

As Entidades que Atuam nas Linhas de Força do Ritual de Umbanda
Através do Dom Ancestral Místico de Incorporação Oracular

Vamos começar dizendo que essas entidades não são apenas de uma raça ou religião. Vêm de todos os lugares da terra e trazem ainda latentes os seus últimos ensinamentos religiosos, porém já purificados dos tabus criados pelos encarnados.

Todas as religiões são criações de Deus. Não existe uma religião ou ritual religioso que seja criado fora da ordenação divina. Sempre que se faz necessário, Deus cria as condições para que elas surjam na face da terra. Como uma gestação e um parto, exigem coragem e estoicismo. Como uma mãe que sofre para trazer um espírito à carne, e que, por isso é abençoada, os fundadores de uma religião também têm que ser fortes e pacientes. Suportam tudo por um objetivo divino e não se incomodam com o preço a ser pago. Simplesmente executam a sua missão com amor e dedicação a Deus.

Algumas religiões crescem rapidamente, tomando o lugar de outras mais antigas; outras nascem e se fecham após um crescimento limitado, porque seus fundadores se acham os eleitos e não dividem Deus com ninguém; outras nascem em meio à violência, e pela violência se impõem, fazendo de sua doutrina algo que se mantém destilando o ódio às outras religiões; outras nascem da sabedoria contemplativa da Ação de Deus sobre nós todos; outras, ainda, nascem da observação da Natureza que nos rege.

Isso sem falar daquelas que tentam penetrar na essência do Divino e ressuscitar aquilo que já morreu, tentando fazer com que o passado volte ao presente. Por isso seus fundadores são chamados de saudosistas pelos grandes mestres da Luz: choram pelo elo perdido com o passado, quando o poder e o saber dos mistérios sagrados era hierarquizado.

Nada é estático na Natureza, ou na religião. Deus é movimento e ação, assim também são os espíritos, encarnados ou não.

Muitas vezes queremos nos aproximar do Divino pela lei do menor esforço. Por isso Deus, Pai bondoso, permite que O reverenciemos pela fé, sem necessidade de penetrarmos em Seus mistérios. Mas mesmo nos rituais mais simples, surgem espíritos inconformados.

Aos que se conformam, Deus habita em seus corações pela fé que têm n'Ele, o Doador da Vida. Aos que querem penetrar nos Seus mistérios mais profundos, Deus também lhes é acessível. Se fosse para negar-lhes isso, não teríamos o raciocínio questionador. Tudo está aberto ao Saber!

Mas quem aprende, tem que saber como usar o que aprendeu. É neste ponto que os rituais da Natureza e os rituais espiritualistas saciam a sede do saber, constantemente em evolução. Por isso o Ritual de Umbanda é uma religião aberta a todos os espíritos, tanto encarnados quanto desencarnados. Para ela afluem milhões de espíritos de todo o planeta, oriundos das mais diversas religiões e rituais místicos, mesmo de religiões já extintas, tais como a caldeia, a sumeriana, a persa, a grega, as religiões europeias, caucasianas e asiáticas.

Eles formam o Grande Círculo Místico do Grande Oriente. São espíritos que não encarnam mais, mas que querem auxiliar os encarnados e desencarnados em sua evolução rumo ao Divino. Atitude mais que louvável, e que indica que eles já se integraram aos seus dons ancestrais místicos.

O Ritual Africano entrou com as suas linhas de força atuantes, e os ameríndios, tais como os índios brasileiros, os incas, astecas e maias, os norte-americanos, entraram por terem sido extintos, ou por estarem em fase de extinção e não quererem deixar perder o saber acumulado nos milênios em que viveram em contato com a Natureza.

Por isso, tanto os negros africanos como os índios já desencarnados se uniram à Linha do Oriente, e fundaram o Movimento Umbandista ou Ritual de Umbanda, o culto às forças puras da Natureza como manifestação do Todo-Poderoso.

Cada um entra com o seu saber, poder e magia, mas todos seguem as mesmas ordens de trabalho. Podem sofrer pequenas variações, mas a essência permanece a mesma. A variante que se adaptar melhor irá predominar no futuro. Por enquanto, a Umbanda é um laboratório religioso para experiências espirituais.

Os Orixás permanecerão sempre como guardiães dos pontos de força da Natureza, porque eles lhes pertencem por outorga do próprio Criador de Tudo e de Todos. A linha de ação ainda será definida no futuro, mas os pontos de força permanecerão.

À medida que o Ritual vai se expandindo de forma horizontal no plano material, ao mesmo tempo vai fortalecendo as linhas de forças vertical e horizontalmente, pela difusão da Doutrina no astral.

Por ser um ritual de ação positiva sobre a humanidade, atrai milhões de espíritos sedentos de ação em benefício dos semelhantes. Milhões deles já foram doutrinados e anseiam por uma oportunidade de comunicação oracular com o nosso plano. Todos têm algo a nos ensinar e falta-lhes apenas a oportunidade.

Não se incomodam em se manifestar em templos humildes, cômodos pequenos, à beira-mar, nas matas, nas cachoeiras, ou mesmo numa reunião familiar. Estão sempre dispostos a nos ouvir e ensinar. Sempre solícitos e pacientes, não se incomodam com a nossa ignorância a respeito dos mistérios sagrados.

Têm um saber muito grande, mas conseguem se comunicar de uma forma simples. Têm o saber que nos falta, e a paciência com os nossos erros que os encarnados não têm. São maravilhosos pela simplicidade que nos passam; substituíram os sacerdotes dos rituais da Natureza com perfeição.

Cada grupo de espíritos que acompanha um médium cuida de um grupo de pessoas, auxiliando-as na medida do possível e do permitido pela Lei. Entram em choque com as falanges das Trevas com uma coragem que nos falta; sofrem com as magias negativas dos sacerdotes das Trevas com resignação e estoicismo, nunca perdem a fé em Deus, nada os amedronta no astral.

Se um grupo de espíritos está em dificuldades, outros acorrem em seu auxílio, até que vença os choques com paciência.

Sofrem quando veem seus mediadores cometerem erros que atrasam suas evoluções. Choram com nossas provações e sorriem com nossa alegria. Festejam nossas vitórias e amargam nossas derrotas. Pulsam, como nós, por uma rápida aproximação com o Criador.

Ficam felizes quando os médiuns, chamados pela Lei, vêm ao encontro do dom de incorporação oracular, e se sentem derrotados quando alguns, por ignorância, os repelem. Vibram ao redor dos que vencem os obstáculos impostos pela Lei Imutável do Criador.

Quando damos provas de que estamos aptos a suportar as cargas de ordem espiritual, formam grande falange de trabalho ao nosso redor. Quanta grandeza na humildade dos servidores invisíveis da Luz e da Lei!

Não há distinção de raça, origem religiosa ou cor. Branco ou negro, feio ou bonito inexistem para eles. Estes são atributos materiais que não importam. O que interessa é a beleza da alma, é o valor do caráter, é o dom puro da simplicidade. Amam a todos e sabem que a carne é somente um veículo transitório para o espírito eterno. Tudo isso os torna queridos e respeitáveis.

É essa aceitação por parte do povo que torna o Ritual de Umbanda alvo de críticas, as mais ferinas possíveis.

Outros sacerdotes que estudam leis religiosas, que cursaram escolas especializadas e adquiriram grau hierárquico perante a sociedade civil e religiosa, não compreendem como pessoas com pouca escolaridade, que trabalham duro o dia todo ganhando o seu abençoado pão, podem, após um banho de descarga, ser portadoras de espíritos de luz, a verdadeira manifestação da Terceira Pessoa da Trindade, o Espírito Santo. Esse dom encanta a todos que o conhecem sem tabus.

Isso é o Ritual de Umbanda, tão combatido e, ao mesmo tempo, aceito de uma forma crescente, o que chega a assustar.

Amaldiçoam-no incessantemente através dos meios de comunicação. Fazem chacotas das formas simples de manifestação das entidades. Dizem que é obra do demônio. Tudo porque ele se expande de forma horizontal, abalando os seus feudos religiosos, tirando o poder que tinham sobre os seus fiéis, dilapidando seus tesouros materiais.

Alguns mais espertos, e são muitos, se organizam em verdadeiras máquinas de poder. Usam o Ritual de Umbanda como espantalho para amedrontar os que estão perdidos no meio do caminho, e com isso tomam o último centavo desses pobres incautos, aumentando suas riquezas materiais. Muitas vezes usam até meios de comunicação eletrônicos, como o rádio e a televisão.

Mas eles não sabem que quando ganham em nome de Deus, d'Ele são devedores, e que terão que pagar até o último centavo tirado dos seus semelhantes. A tudo isso os "guias" veem com tristeza. Sabem que, de pessoas assim, o inferno está cheio e que muitos outros irão adentrá-lo no futuro. Só não vê quem não quer, ou quem ainda ignora as leis de Deus.

O Tempo os fará beber da água que um dia sujaram, pois ele é sábio e não tem pressa. Tudo tem sua hora, e isso os mentores do Ritual de Umbanda sabem. Por isso não se vê a revolta nem o fanatismo no Ritual de Umbanda.

Eles não pregam a intolerância religiosa, mas sim o amor a todos como criação do mesmo Pai. Não existem dois deuses, apenas Um, e Ele é tolerante com nossa ignorância a respeito dos Seus desígnios e mistérios.

Por tudo isso é que a Umbanda já deixou de ser uma seita, e é uma religião. Porém, por ordem da Lei, ela é mantida dentro de uma linha de expansão horizontal, tudo sob a direção dos espíritos que se manifestam em seu ritual através do dom ancestral místico de incorporação oracular.

Mistérios: O que São e Como Atuam em Nossa Vida

Mistério é algo de difícil definição porque pertence a Deus e é um recurso d'Ele para atuar num campo bem definido, mas de difícil identificação.

Quando algo se mostra ativo, mas indefinido, logo o classificamos como um mistério.

A origem da vida, do universo, dos mundos, etc., tudo é mistério de Deus porque nos faltam as informações que os esclareçam. Mas os mistérios religiosos, estes podemos identificá-los e explicá-los se tivermos a chave explicativa.

Vamos tentar passá-la, sem incorrer na revelação de algo interditado pela lei do silêncio sobre os mistérios divinos. Certo?

Saibam que tudo é energia e tudo vibra, pois tudo tem seu magnetismo individual que o identifica e o distingue.

Não há dois seres com o mesmo magnetismo individual, ainda que hajam seres magneticamente opostos e afins. Sendo que uns são repelentes e outros são atratores; uns são magneticamente ativos e outros são passivos; uns são positivos e outros são negativos. E isto, no magnetismo, onde não cabem as palavras bom, ruim, bem, mal etc., que servem para definir caráteres, comportamentos, sentimentos ou atitudes. Certo?

Magnetismo é a qualidade divina que dá sustentação a tudo, e mesmo um átomo, que é a menor parte da matéria, e uma célula, que é a unidade básica da vida, possuem um magnetismo só deles.

O magnetismo de um átomo de Oxigênio não é o mesmo de um átomo de Hidrogênio ou Hélio. Esta individualização magnética, que acontece na menor unidade da matéria ou da vida, é a responsável pela ordem na criação e faz uma coisa ser como é, pois é a combinação de magnetismo que dá origem a ela.

Cada magnetismo é um fator divino, e tal como no DNA dos seres, onde está sua herança genética, que é uma combinação de "fatores", a gênese divina combina fatores ou magnetismo e dá origem às coisas (matéria, seres, criaturas e espécies).

Saibam que os fatores divinos e os magnetismos "puros" são as unidades básicas da gênese, e tudo tem início na associação entre fatores combinantes, que dão origem às coisas (criações de Deus).

Então um mistério é a combinação de fatores e magnetismos, tanto puros como mistos, que darão forma a um outro magnetismo "composto", que vibrará num padrão ou grau só seu, e de mais nenhum outro mistério.

Fatores combinantes dão origem às moléculas e células, em cujo interior estão novos magnetismos que distinguem a substância água de todas as outras, e distinguem uma célula epitelial de todos os outros tipos de células.

- Se misturamos a substância água com a substância ferro, não haverá combinação e com o passar do tempo a água corroerá o ferro e este a deixará ferruginosa. Então temos magnetismos opostos combinantes, pois se anulam e descaracterizam, mas dão origem a uma nova substância.
- Se misturarmos cristais e água, não se misturarão e não darão origem a nada. Então temos magnetismos repelentes.
- Se misturarmos vários tipos de cristais, nada acontecerá e teremos magnetismos neutros entre si.

Enfim, algumas coisas se combinam, outras se neutralizam e outras se anulam e combinam, dando origem a novas coisas.

- Nos magnetismos que se anulam surgem novas coisas. Ferro + água é igual a ferrugem ou a água ferruginosa.
- Nos magnetismos repelentes temos a perenidade da criação e a estabilidade do que tem que ser permanente.
- Nos magnetismos neutros coisas diferentes se tocam, não criam nada novo e não se anulam.

Com os mistérios acontece a mesma coisa. Uns anulam outros; uns combinam-se com outros; e outros irradiam-se ao lado de outros mas não se anulam ou se combinam porque, entre eles, são neutros.

Todo mistério é a irradiação de um tipo de magnetismo, o qual flui numa faixa vibratória só dele, mas localizada dentro de uma escala em que há várias faixas, pelas quais fluem vários mistérios.

- Alguns mistérios são unipolares e fluem numa só direção, ou irradiação, ou vibração.
- Outros são bipolares e fluem em duas direções, ou irradiações, ou vibrações.
- Outros são tripolares e fluem em duas direções, ou irradiações, ou vibrações, mas também possuem um polo neutro que facilita sua atuação, já que ele recorre a este seu polo para fluir lado a lado com outros mistérios sem anulá-los, combinar-se com eles, alterá-los ou ser alterado por eles.

"Saibam que até com as divindades isso acontece, pois assim uma não 'invade' a faixa de atuação das outras."

Bem, voltando aos mistérios religiosos de Deus, eles são irradiados por Ele, e dão sustentação a todos, o tempo todo.

- Observem que o magnetismo que sustenta um planeta é inalterável e o mantém estável.
- O magnetismo que mantém um código genético se mantém inalterado e a sua multiplicação é estável, seja na multiplicação de uma célula, de um vegetal ou de um ser humano.

Sendo assim, magneticamente estável, um mistério se irradia e vai se multiplicando dentro da faixa por onde fluem suas vibrações ou ondas energizadas.

Sim, como todo magnetismo tem sua forma de irradiar-se, e irradia-se através de ondas condutoras de energias, também denominadas de "ondas energéticas", então fica fácil entender por que elas não se tocam: como cada magnetismo é irradiado num padrão vibratório próprio, suas ondas têm comprimentos diferentes, não se tocando ou se misturando ou se anulando. E com isso não criam um caos vibratório e energético.

Saibam que os mistérios são regidos pelos Tronos de Deus, os quais recebem o nome de Tronos justamente porque esta classe de divindades está assentada em Tronos energéticos, formando as hierarquias divinas, responsáveis pela sustentação da evolução dos seres, pela manutenção da harmonia dentro da faixa vibratória, através da qual fluem suas irradiações energéticas estimuladoras de vibrações e sentimentos íntimos nos seres sob seus amparos "religiosos".

As divindades "Tronos" estão assentadas em Tronos que são unipolares, bipolares ou tripolares, pois estes Tronos são em si poderosíssimos polos magnéticos, cujas vibrações ocupam a faixa onde estão localizados.

Existem Tronos que se irradiam no sentido vertical, horizontal ou perpendicular à direita ou à esquerda.

Vejamos as irradiações:

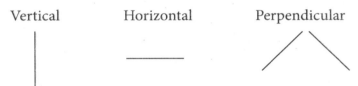

Os Tronos, dependendo do tipo de sua irradiação, assumem uma classificação.

Irradiação Vertical: Trono Maior
Irradiação Horizontal: Trono Intermediário ou Médio
Irradiação Perpendicular: Trono Menor ou Intermediador

- Trono maior pode ser regente de uma irradiação ou de uma hierarquia, pois seu magnetismo vai "descendo" através dos graus vibratórios, alcançando tudo e todos. Mas também pode ser regente de toda uma dimensão, na qual seu magnetismo é básico e dá sustentação aos Tronos intermediários regentes dos graus magnéticos de sua escala "pessoal".

Esses graus magnéticos formam as faixas vibratórias onde vivem os seres regidos pelos Tronos intermediários, que por sua vez possuem outra escala magnética "interna" só da faixa que regem, e cujos graus assumem a denominação de subníveis vibratórios, nos quais estão localizadas as moradas dos seres sob o amparo dos regentes de faixas.

Estes subníveis são regidos por Tronos menores ou intermediadores. E se assumem essa condição de intermediadores, é porque são os polos de interseção entre as irradiações verticais com as horizontais, irradiando-se sempre perpendicular a elas.

Exemplo:

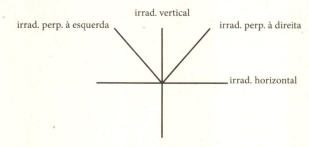

Esses Tronos tanto atraem seres para os seus subníveis vibratórios, quanto os direcionam para outros níveis mais acima do seu quarto para outros mais abaixo, caso isso seja necessário à evolução deles.

Uma irradiação vertical alcança todos os seres na dimensão onde vivem. Ela apenas vai passando por adaptações magnéticas aos níveis ou faixas, e aos subníveis ou subfaixas vibratórios.

Já a irradiação horizontal destina-se a criar nos seres uma harmonia total, pois, se durante a evolução um ser for conduzido a uma nova faixa vibratória pelo regente do subnível onde estagiava, terá que permanecer nela até que seus sentimentos íntimos alcancem uma afinidade total com os irradiados pelo seu novo regente, cujo magnético individual começa a atuar no novo ser assim que este entra em sua faixa vibratória. E só deixará de influenciá-lo e retê-lo dentro dela quando o ser tiver se afinado magnética, energética, vibratória e emocionalmente com o mistério irradiado por ele, o Trono regente da nova faixa vibratória que o acolheu, amparou, instruiu, sustentou e irá encaminhá-lo a uma nova faixa.

Vamos dar agora uma tela com uma irradiação, as suas faixas, e subfaixas vibratórias:

Escala magnética da irradiação de Ogum na tela plana geral dos tronos

		Ogum Maior ou Trono da Lei
Faixas Vibratórias ou Correntes Eletromagnéticas	1ª	Cristalina, regida pelo Ogum Intermediário Cristalino
	2ª	Mineral, regida pelo Ogum Intermediário Mineral
	3ª	Vegetal, regida pelo Ogum Intermediário Vegetal
	4ª	Ígnea, regida pelo Ogum Intermediário Ígneo
	5ª	Eólica, regida pelo Ogum Intermediário Eólico
	6ª	Telúrica, regida pelo Ogum Intermediário Telúrico
	7ª	Aquática, regida pelo Ogum Intermediário Aquático

Observem que a irradiação do Trono Ogum Maior desce e vai cruzando sete faixas vibratórias, e estas também estão subdivididas em sete subfaixas, que são regidas pelos Tronos menores ou Orixás intermediadores regentes de subníveis.

Vamos destacar a faixa vibratória cristalina, regida pelo Trono Médio ou Orixá Intermediário Ogum Cristalino, e se repetirá a mesma escala magnética, mas já como subnível ou subfaixa.

		Trono Ogum Intermediário
Subfaixas Vibratória ou Subníveis	1ª	Cristalina, regida pelo Ogum Intermediário Cristalino
	2ª	Mineral, regida pelo Ogum Intermediário Mineral
	3ª	Vegetal, regida pelo Ogum Intermediário Vegetal
	4ª	Ígnea, regida pelo Ogum Intermediário Ígneo
	5ª	Eólica, regida pelo Ogum Intermediário Eólico
	6ª	Telúrica, regida pelo Ogum Intermediário Telúrico
	7ª	Vibratória aquática, regida pelo Ogum Intermediador Aquático

Observem que cada faixa repete, em seus subníveis ou subfaixas vibratórias, a mesma escala magnética regida pelo Ogum Maior, só que na escala de uma faixa, quem a rege é um Ogum Intermediário ou Médio.

Por isso nós, no nível terra, vemos os "guias de lei" ou Orixás intermediadores se apresentando com nomes simbólicos, análogos ao dos Orixás intermediários regentes das faixas: eles são os manifestadores, para a Umbanda, de mistérios manifestados pelos Orixás intermediários, que por sua vez são manifestadores de mistérios dos Orixás maiores, regentes das irradiações verticais ou linhas de forças dimensionais.

Saibam que em verdade é sempre um mistério maior do nosso divino Criador que está fluindo através de ondas verticais, correntes eletromagnéticas horizontais, e de subcorrentes existentes dentro das faixas vibratórias, que é onde os seres em contínua evolução vão se fixando, estagiando, e depois vão ascendendo.

Por isso é que, no nosso exemplo, tanto o Trono fatoral ordenador da criação, das criaturas e das espécies é um Ogum, como o Trono planetário responsável pela ordenação interna da vida em nosso planeta é um Ogum. E o mesmo acontece com o Trono aplicador da lei divina, em todas as religiões continua a ser um Ogum e os tronos intermediários e intermediadores aplicadores da ordenação divina e da Lei Maior também são Oguns.

Ogum é sinônimo de ordenação e Lei Maior. Logo, não importa em que grau magnético, faixa ou subfaixa um Trono esteja ordenando os procedimentos e aplicando a Lei Maior, pois ele sempre será um mistério em si mesmo, porque é o manifestador "local" da ordenação e da Lei Maior.

E se dizemos que ele é um mistério em si mesmo, é porque com uma simples vibração mental todo um processo ordenador e aplicador da Lei Maior é colocado em ação e só deixará de atuar quando o que estava desordenado voltar à ordem, e o que estava fora da lei voltar a ser regido e amparado por ela.

Saibam que só são "Trono" os seres que são geradores e manifestadores de um mistério de Deus, mas afeto ao nível onde está assentado seu Trono energético. Neste nível ele é o Ogum responsável pela ordenação divina e pela aplicação da Lei Maior na vida dos seres que vivem sob sua irradiação, seja ela vertical, horizontal ou inclinada.

Logo, podem deduzir facilmente que os nomes simbólicos usados tanto pelos guias de lei da direita quanto pelos guias de lei da esquerda

(Exus e Pombagiras) são nomes relacionados com mistérios intermediadores, intermediários e maiores.

Sim, porque nenhum mistério se manifesta num nível se o mesmo não for manifestado tanto num nível maior quanto pelo próprio Deus.

É por isso que insistimos em alertá-los: – Filhos, vocês são mistérios de Deus!

Aqui não vamos esmiuçar mistério por mistério dos que se manifestam "religiosamente" no Ritual de Umbanda Sagrada.

Apenas dizemos isto: "Voltem a ler o capítulo referente aos "fatores de Deus" que verão sete mistérios dele, manifestados por sete Tronos irradiantes e por outros sete Tronos concentradores que se multiplicam por quarenta e nove Tronos intermediários positivos assentados nos entrecruzamentos das correntes eletromagnéticas positivas e irradiantes com as sete irradiações verticais positivas e irradiantes, e por outro tanto assentados nos entrecruzamentos das correntes eletromagnéticas negativas e absorventes com as irradiações verticais negativas e absorventes de energias.

- Os sete entrecruzamentos positivos formam quarenta e nove degraus irradiantes ou positivos.
- Os sete entrecruzamentos negativos formam os quarenta e nove degraus absorventes ou negativos.
- Os degraus irradiantes são chamados de Tronos intermediários universais ou positivos, e os degraus absorventes são chamados de Tronos cósmicos ou negativos.
- As linhas de "guias de lei" são regidas pelos mistérios manifestados pelos Tronos universais.
- As linhas de "Exus de lei" são regidas pelos mistérios manifestados pelos Tronos cósmicos.
- Os "guias de lei" atuam a partir da direita dos médiuns de Umbanda e são regidos pelos princípios universais.
- Os "Exus de lei" atuam a partir da esquerda dos médiuns de Umbanda e são regidos pelos princípios cósmicos.

Portanto, quando forem se consultar com o guia de um médium, tratem-no com respeito, pois ele é o manifestador, no nível terra, de mistérios de Deus.

E, ainda que o olhem só como um espírito, saibam que ele já despertou para a grandeza da criação divina, e, justamente por isso, ele se dignou incorporar no corpo de um médium para vos transmitir palavras de consolo, conforto e esclarecimentos.

Todo o Ritual de Umbanda Sagrada foi fundamentado nos mistérios divinos, e assim ela será como religião aceleradora da evolução e direcionadora dos seres que se colocarem sob sua irradiação religiosa e divina.

Saibam que o nome simbólico de um "Guia de Lei" ou de um "Exu de Lei" está sinalizando o seu campo de atuação na vida dos seres, e está mostrando parcialmente sob qual das sete irradiações verticais ele atua e de qual mistério é o seu manifestador "religioso" no nível terra.

Sim, porque se um "Exu de Lei" Tranca-Ruas for ativado magisticamente ou religiosamente, com certeza ele bloqueará, em algum sentido, a vida de quem for alcançado por suas vibrações magnéticas absorventes e suas irradiações energéticas negativas. E se for ativado para abrir os caminhos de alguém, este os terá aberto mesmo, e com toda a certeza. Mas só até onde for merecedor, em ambos os casos. Certo?

- Ativação magística é a evocação ao manifestador de um mistério em seu ponto de forças.
- Ativação religiosa é uma solicitação de ajuda, feita ao manifestador dele quando estiver incorporado, e dentro de uma sessão de trabalhos espirituais.

Se usamos "Exu Tranca-Ruas" como exemplo de como um mistério pode abrir ou fechar a evolução de alguém, foi com a permissão do Trono intermediador manifestador desse mistério para o Ritual de Umbanda Sagrada que, assentado em seu Trono energético, rege a evolução "cósmica" de alguns milhões de espíritos e seres naturais colocados sob sua irradiação pela Lei Maior, pois ele os absorveu, os redirecionou e os tornou manifestadores naturais do seu mistério "Tranca-Ruas", que é ele em si mesmo, pois é o Trono cósmico da lei, regido pelo Trono Ogum "Sete Lanças" ou "Sete Vias Evolutivas".

Bom, esperamos que da próxima vez que forem consultar um guia de lei da Umbanda, seja ele da direita ou da esquerda, tratem-no com o devido e merecido respeito, pois de alguma forma, e dentro da faixa onde seu mistério flui naturalmente, ele realmente os ajudará, pois como comentamos no início deste capítulo, se nas hierarquias uns não se tocam com os outros, pois cada um flui por uma onda vibratória só sua, no entanto nas suas atuações magísticas e religiosas nós os direcionamos para atuarem na nossa vida e entrarem, para nos ajudar, na faixa onde nós vivemos e nosso próprio mistério flui, ainda que estejamos inconscientes dessa nossa qualidade e faculdade divina.

Reflitam irmãos!

Se são filhos de Deus, e são!, então são os herdeiros humanos de seus mistérios divinos.

Certo?

Como Surgiram as Linhas de Trabalho do Ritual de Umbanda Sagrada

Saibam que as linhas de trabalho não surgiram por acaso, e um guia espiritual é manifestador de um mistério religioso.

Por mistério religioso entendam o mistério que um espírito manifesta dentro do espaço religioso dos templos de Umbanda Sagrada, pois se um espírito se apresentar como um caboclo de Ogum, é porque ele foi aceito pela Lei Maior, foi incorporado a uma das hierarquias do Orixá Ogum, desenvolveu em si uma das qualidades desse Orixá da lei, e atua regido pelo fator ordenador da criação divina.

Logo, é um guia autoritário, rigoroso, de pouca conversa, mas de muita ação, e às vezes intempestivo, pois Ogum é o próprio ar, que movimenta tudo à sua volta. Então um Caboclo de Ogum não é um espírito comum.

Não mesmo, pois sua natureza é regida pelo Orixá "Ogum", que é a qualidade ordenadora da criação divina. E se ele é um "Caboclo" de Ogum, um espírito incorporado à hierarquia do Orixá da Lei, é porque ele foi gerado por Deus em sua qualidade ordenadora, foi imantado por Ogum com seu fator ordenador e evoluiu, sempre regido pela sua ancestralidade, localizada no divino Trono de Deus que aplica a Lei Maior na vida dos seres.

Agora, um Caboclo de Ogum tem no seu nome simbólico tanto sua qualidade ordenadora (Ogum), quanto a sua qualificação ou campo de atuação.

Então temos os Caboclos Sete Espadas, Sete Lanças, Sete Escudos, Sete Coroas, etc., todos atuando como guias de Umbanda.

Nós não temos como listar o nome de todas as linhas de trabalho da Umbanda, por isso as resumimos em linhas dos Orixás, tais como:

- Linhas dos Caboclos de Oxalá
- Linhas dos Caboclos de Oxóssi
- Linhas dos Caboclos de Xangô
- Linhas dos Caboclos de Ogum
- Linhas das Caboclas de Oxum
- Linhas das Caboclas de Iemanjá
- Linhas das Caboclas de Iansã, etc.

E o mesmo se repete com as linhas de trabalho formadas por Exus e Pombagiras, onde temos:

- Linha dos Exus dos Caminhos – Ogum
- Linha dos Exus do Cemitério – Omolu
- Linha dos Exus das Passagens – Obaluaiê
- Linha dos Exus das Montanhas – Xangô
- Linha dos Exus das Matas – Oxóssi
- Linha dos Exus das Encruzilhadas – Oxalá
- Linha dos Exus Cobra – Oxumaré
- Linha das Pombagiras das Águas – Oxum
- Linha das Pombagiras da Praia ou do Mar – Iemanjá
- Linha das Pombagiras do Lodo – Nanã, etc.

Com esses nomes simbólicos, as linhas de trabalhos vão mostrando qual o Orixá as rege, a qual sentido da vida os Exus servem, e quais são os aspectos negativos com que eles lidam.

Sim, se tomarmos como exemplo a linha dos Exus do Cemitério, até dentro dela veremos os desdobramentos ou qualificações dos Exus que formam correntes espirituais ou sublinhas, pois um Exu do Cemitério lida com os aspectos negativos do Orixá Omolu e os aplica em outros sentidos da vida, regidos por outros Orixás. Vamos aos exemplos:

- Exu Tranca-Ruas das Almas:

Exu = entidade que lida com os aspectos negativos dos Orixás; com a parte negativa dos fatores divinos; com espíritos desequilibrados; com o emocional dos seres.

Tranca = fecha, retém, aprisiona, prende ou paralisa.

Ruas = caminhos, trilhas, sentidos, direção ou evolução.

Logo, Exu Tranca-Ruas das Almas é um ser que é regido por Omolu, pois o cemitério é a prisão natural de todo espírito que atentou contra um dos sete sentidos da vida. Mas também é regido por Obaluaiê, pois se ele tranca a evolução das "almas", está servindo ao Orixá que rege a evolução dos seres. Mas como ele tranca a rua (os caminhos), então também é regido por Ogum, que é o Orixá que rege as evoluções retas, os caminhos a ser trilhados de forma ordenada.

Mas se ele tranca, então também serve a Xangô, pois este rege a justiça divina, que é que diz quando alguém atentou contra os princípios divinos.

Com isso, ele serve a vários sentidos da vida e a vários Orixás, que o ativam sempre que for preciso. Mas se interpretarmos ao pé da letra seu nome simbólico, então ele é um Exu de Ogum atuando sob a irradiação de Omolu e de Obaluaiê, pois só a Lei Maior tranca ou prende um espírito degenerado. E se ele tranca as ruas, tranca as vias evolutivas ou a evolução dos seres, que é atribuição do Orixá Obaluaiê, regente da linha da evolução. Só que ele tranca a rua das "almas", e não da justiça ou do conhecimento.

Logo, lugar de almas é no cemitério, que é o campo de Omolu, Orixá regente do polo negativo da linha da evolução, a sétima linha ou irradiação da Umbanda.

Portanto, Tranca-Ruas das Almas é um Exu de Ogum atuando sob a irradiação de Obaluaiê e de Omolu.

Se interpretarmos um nome simbólico muito parecido – Exu Tranca-Ruas Gira das Almas, aí teremos um Exu de Iansã, Orixá da lei que atua como aplicadora ativa dela nos campos da justiça divina.

O termo "gira" é sinônimo de movimento, e Iansã é geradora natural do fator mobilizador, é sua irradiadora e sua aplicadora na vida dos seres (almas).

Logo, Exu Tranca Gira das Almas não tem um ponto fixo ou um campo específico para atuar, pois onde houver alguém se "movendo" ou girando de forma errada, ali está seu campo de atuação, e ele será ativado por Iansã, Orixá que regula os movimentos das almas ou dos "eguns".

Vamos dar outro exemplo, usando o nome simbólico de um Caboclo Sete-Espadas:

Caboclo = ser que lida e ativa os aspectos positivos dos Orixás.

Sete = as sete linhas de Umbanda Sagrada, os sete Tronos de Deus, as sete vias evolutivas, os sete sentidos da vida, etc.

Espadas = lei, ordem, comando, combate, luta, poder, corte, etc.

Este caboclo atua como ordenador nos sete sentidos da vida, ou nos sete campos de ação de Ogum, o Orixá da lei e ordenador da religiosidade dos seres.

Mas todo Caboclo Sete-Espadas tem uma qualificação ou mais de uma, tal como Seiman Hamiser yê, que é um Ogum intermediador, cujo nome simbólico é este: Ogum Megê Sete-Espadas da Lei e da Vida.

- Como Ogum intermediador, ele atua nas sete irradiações ou sete linhas de Umbanda.
- Como é espada da lei, atua no sentido de coibir os excessos cortando demandas, aparando choques cármicos, ordenando os seres.
- Como Sete-Espadas da lei e da "vida", aí vida é sinônimo de geração, a sétima linha de Umbanda, regida por Iemanjá e por Omolu, Orixás da geração, sendo ela a regente do polo magnético positivo, e ele regente do seu polo magnético negativo.
- Mas ele se define como "Megê", logo, está atuando sob a irradiação do Orixá Omolu, cujo elemento é terra, é cemitério. E também pode paralisar toda geração desequilibrada ou criatividade desvirtuadora num dos sete sentidos da vida.

Interpretando corretamente o nome Ogum Megê Sete-Espadas da "Lei e da Vida", temos:

Este Ogum intermediador é regido por Ogum, Orixá ordenador e aplicador da Lei Maior na vida dos seres; é um intermediador do Orixá Ogum intermediário da terra ou aplicador da lei nos campos do Orixá Omolu (Orixá telúrico que polariza com Iemanjá, Orixá aquático); e a aplica na vida ou nos campos de Iemanjá (mãe da vida), punindo, retendo ou reordenando os seres que se desequilibrarem no sétimo sentido da vida (a geração e a criatividade). Mas como o termo vida engloba muitos sentidos, então ele ordena os que se desequilibrarem na geração da lei, do conhecimento, da justiça, da fé, etc.

Viram como é amplo seu campo de ação e atuação, como aplicador do mistério "Ogum" na vida dos seres?

Vamos a mais um exemplo:

– Caboclo Sete-Flechas.

Sete = sete irradiações.
Flechas = símbolo do Oxóssi, direção, artefato bélico, etc.
Interpretando-o, temos:
Caboclo: ser que ativa os aspectos positivos dos Orixás.
Sete: atua sob a regência das sete irradiações.

Flecha: é um caboclo de Oxóssi, pois a flecha é um dos seus símbolos. Mas como flecha também tem o sentido de direção a ser seguida, então é um caboclo de Oxóssi que atua nos campos de Iansã, Orixá direcionador dos espíritos e aplicador da Lei Maior nos campos da justiça divina.

Interpretando-o, temos: todo Caboclo Sete-Flechas é um ser que atua nas sete linhas de Umbanda, sempre como direcionador (doutrinador) dos seres, estimulando-os a se conduzirem (Iansã) em equilíbrio e procederem com justiça (Xangô).

Vamos à interpretação de um nome simbólico, muito polêmico, de uma linha de Pombagiras:

– Maria Molambo.

Maria = igual à virgem da concepção ou Maria, a mãe de Jesus, que é da concepção de algo divino. Logo, sincretiza-se com Oxum, Orixá da concepção da vida.

Molambo = popularmente é uma pessoa malvestida, com uma aparência deprimente ou miserável.

Portanto, Maria Molambo é uma Pombagira de Oxum (mãe da concepção divina), que atua sobre os espíritos degradados ou que perderam seus bens divinos (amor, fé, conhecimento, etc.), visando reagregá-los.

Ela atua sobre as "almas" empobrecidas em seus valores maiores, que são vistos como espíritos perdidos na escuridão, abandonados na vida.

Seu campo de atuação é vasto, mas "abandonados na vida" significa que estão no campo da morte, o campo santo ou cemitério.

Logo, é uma Pombagira de Oxum atuando na irradiação de Omolu, onde ela agrega ao seu mistério os espíritos que "conceberam" de forma errada ou afrontosa os princípios da vida, e assim perderam a noção dos seus valores maiores.

Observem bem os exemplos que demos, pois os nomes têm correspondências com os Orixás por causa, também, do sincretismo religioso da Umbanda, e devem nortear nosso raciocínio, caso queiramos interpretar corretamente os nomes das linhas de trabalhos da Umbanda, formadas por legiões de espíritos agregados a uma hierarquia, da qual são membros e são manifestadores do mistério da divindade que as rege.

Nós poderíamos tomar muitos nomes de linhas de trabalho cujos membros se manifestam durante os trabalhos de incorporação. Mas estes já são suficientes para que tenham uma noção de que o acaso não existe e, dentro do Ritual de Umbanda Sagrada, tudo é ordenado e regido pelos senhores Orixás, as divindades de Deus que atuam em nossa vida porque são os geradores naturais e os irradiadores das suas qualidades ou fatores divinos.

A Umbanda ainda é uma religião nova e só agora, após um século de existência, está começando a ser codificada teologicamente, pois antes só tínhamos codificações mitológicas ou abstratas, fundamentadas no "eu acho que é assim", ou no "eu ouvi dizer que é isso".

A achologia é um recurso "especulativo", pois só lida com o imponderável e só se sustenta na ausência dos reais fundamentos e dos verdadeiros conhecimentos científicos.

E ciência a Umbanda tem, só que é divina e interpretativa dos mistérios de Deus.

Portanto, não deixe de estudar o simbolismo da Umbanda, pois se interpretarem corretamente os nomes simbólicos de suas linhas de trabalhos espirituais, descobrirão a quais Orixás os guias estão servindo, de qual irradiação são oriundos, e sob qual ou quais estão atuando como guias de Umbanda Sagrada.

O Mistério Caboclo

A Umbanda tem nos caboclos uma de suas linhas de trabalhos espirituais.

A linha de caboclos é formada por milhões de espíritos, todos incorporados às hierarquias espirituais regidas pelos Orixás menores, o primeiro grau da hierarquia dos Tronos Naturais.

Espíritos oriundos de todas as religiões, com as mais diversas formações teológicas e mesmo culturais, têm se integrado às linhas de caboclos para realizar todo um trabalho de caridade, doutrinação e espiritualização junto aos seus afins encarnados.

Saibam que o Ritual de Umbanda Sagrada congrega em seus colégios magnos, existentes no astral, espíritos oriundos de todas as religiões, inclusive muitas que já cumpriram suas missões no plano material, mas continuam ativas no lado espiritual da vida, onde têm planos espirituais só seus e destinados a acolher seus afins que reencarnam.

Essas religiões, já recolhidas ao seu lado espiritual, foram regidas por divindades que ampararam milhões de espíritos durante seus estágios humanos da evolução. Mas muitos não ascenderam às esferas excelsas da luz, e continuaram a reencarnar sob a regência das divindades das novas religiões, que vêm substituindo as mais velhas e cujas mensagens se dirigiam a povos com culturas e expectativas diferentes das dos povos atuais.

Estas divindades antiquíssimas são regidas pelos Sete Tronos Planetários e, através da Umbanda, puderam colocar suas imensas hierarquias espirituais em contato direto com o plano material, onde, atuando incorporados nos médiuns, vêm resgatando seus afins paralisados no ciclo reencarnacionista ou que haviam estacionado em regiões sombrias existentes nos níveis vibratórios negativos.

Os espíritos luzeiros, atuando a partir do plano material, têm despertado milhões de afins que estavam impossibilitados até de reencarnar, pois estavam à margem da vida.

O Ritual de Umbanda Sagrada é uma congregação religiosa em que está presente a maioria das religiões que já existiram na face da terra. E cada uma dessas religiões recebeu uma ou várias linhas de trabalhos espirituais dentro da religião de Umbanda, cuja característica mais marcante é a incorporação de espíritos.

Saibam que cada divindade é um mistério em si, e os nomes simbólicos das linhas de trabalhos da Umbanda estão ligados às divindades, muitas das quais já tiveram seus nomes esquecidos ou recolhidos aos livros de lendas e mitologias.

Para que entendam o que estamos comentando, imaginem isso:
- Dois mil anos atrás estava se encerrando uma era religiosa e se iniciando outra. A descida à carne e a espiritualização do Trono da Fé e do Amor, na pessoa de Jesus, já fez parte desse novo ciclo, assim como a do Buda já fazia, e Maomé, o profeta, também fez.

Esses três mensageiros divinos, semeadores de novas doutrinas religiosas, tinham por missão substituir as antigas doutrinas e fechar no plano material a atuação das antigas divindades, cujas mensagens religiosas já estavam defasadas no tempo, e não seriam renováveis e adaptáveis às futuras transformações na crosta terrestre.

Antes havia religiões nacionais, ou de nações mesmo!

- Gregos, romanos, egípcios fenícios, assírios hindus, judeus, todos tinham suas respectivas divindades.

Enfim, cada povo possuía seu panteão religioso, muitas vezes copiado de outros povos mais antigos. Mas, assim mesmo, cada um possuía suas divindades e suas religiões nacionais.

Na África, o mesmo acontecia e cada nação africana possuía suas divindades e seu culto próprio. E por isso os adeptos do Candomblé praticam o culto de "nação", ou o culto herdado da mãe África, trazido para o Brasil pelas correntes de escravos que aqui vieram, tais como: povos Angola, Cambinda, Mujolos, Bantus, Mussurumis ou Muçulmanos, Ketos, Jêjes, Haúças, Nagôs, Minas, Congos, etc.

Ainda que as diferenças fossem insignificantes, havia a questão das línguas e culturas a separá-los.

– Saibam que hoje, no continente africano, a religião muçulmana e a cristã já são maioria em número de fiéis, ainda que os cultos aos ancestrais divinizados tenham resistido aos avanços do islamismo e do cristianismo. E com isso um sincretismo também está se alastrando pelo continente africano, onde Jesus Cristo e Alá vêm substituindo as divindades naturais. E isso sem contarmos com o avanço do hinduísmo e do budismo, ainda restritos a alguns pontos isolados.

Afinal, as religiões são assim mesmo: umas vivem tentando ocupar os domínios das outras para se apossarem dos seus fiéis.

É assim que umas vão sendo substituídas por outras e novas formas de cultuar a Deus e suas divindades vão sendo colocadas à disposição dos espíritos encarnados.

Mas as religiões que vão desaparecendo da face da terra vão se condensando no astral e os espíritos que evoluíram nelas vão vendo seus campos de ação junto aos encarnados serem reduzidos, dificultando o trabalho de amparo aos seus afins ainda atrasados.

Quando os regentes planetários criaram a Umbanda e a codificaram como "espiritualista", abriram-na para todos os espíritos que quisessem atuar através dela junto dos encarnados.

A única condição imposta foi a de se colocarem sob a irradiação das divindades naturais que na Umbanda se renovariam, mas manteriam seus nomes africanos.

Essa condição visou reduzir o universo religioso a umas poucas divindades planetárias, pois até o excesso de divindades "africanas" foi descartado, pois foi visto como divisor da religiosidade.

Muitos nomes africanos estão desaparecendo ou caindo no esquecimento e estão sendo substituídos pelas denominações iorubás, tais como: Ogum, Xangô, Iemanjá, Iansã, etc. E, à medida que o tempo for passando, a teogonia de Umbanda se centrá só nos Tronos planetários manifestadores das qualidades de Deus, estabelecendo de vez e em definitivo seu universo religioso.

O que foi codificado é que as religiões antigas teriam a oportunidade de criar linhas de trabalhos espirituais e magísticas, que atuariam sob a regência dos "Orixás", mas recorreriam aos seus próprios conhecimentos e aos mistérios das divindades intermediárias que os regiam.

Assim surgiram muitas linhas de trabalhos, e todas foram englobadas no grau de linhas de caboclos, de Pretos-Velhos, de Exus e de Pombagiras.

Nas linhas de caboclos muitas religiões estão presentes, e, só como exemplo, temos a linha dos Caboclos do Fogo, que é toda formada por "magos" do fogo adoradores de "Agni", e temos a linha de Caboclos "Tupã", formada por pajés adoradores de Tupã, que é Deus para os índios brasileiros.

- Agni é Deus na Índia, para os hindus que o cultuam com esse nome.
- Tupã é Deus no Brasil, para os índios que o cultuam com esse nome.

O simbolismo e a analogia regularam a denominação das linhas de trabalhos espirituais, e todos os espíritos incorporados a elas, venham da religião que for, preservarão o culto e a reverência aos nomes iorubás das divindades, já que tanto o Deus hindu Agni quanto o Orixá africano Xangô são o mesmo Trono da Justiça Divina, mas adaptado a dois povos, duas culturas e duas formas de cultuá-lo e adorá-lo.

A divindade planetária regente da Justiça Divina é uma só. Mas manifestou-se de forma diferente para povos e culturas diferentes. Logo, como a Umbanda, fundamentou-se na teogonia iorubá, espíritos cuja formação religiosa processou-se na Índia, quando incorporados trabalha em nome de Xangô, o Orixá da Justiça Divina.

Com isso ordenou-se a religião e a religiosidade dos umbandistas, pois um médium sabe que seu mentor é um espírito cuja última encarnação ocorreu na Índia, mas manifesta-se quando cantam para Xangô ... ou para Oxóssi, ou para Ogum, pois mesmo os hindus são regidos pelos Sete Orixás Ancestrais ou Sete Tronos Essenciais, que não pertencem a esta ou àquela religião e povo, mas, sim, estão na ancestralidade de todos os espíritos.

Portanto, os espíritos que são incorporados, só são nas linhas cuja divindade ou "Orixá" seja seu regente ancestral.

Assim, se na ancestralidade de um "caboclo" está o elemento fogo, quem o rege é Xangô; e se está o elemento mineral, quem o rege é Oxum, etc. E sua linha de trabalhos espirituais atuará no campo do Orixá que está dando amparo divino à atuação dos espíritos que se apresentam com o seu nome simbólico.

Não vamos dar todos os nomes das linhas de trabalhos, mas só algumas, para que entendam o Mistério Caboclos:

- Linha de Caboclos Sete-Montanhas, regidos por Xangô.
- Linha de Caboclos Sete-Espadas, regidos por Ogum.
- Linha de Caboclos Cruzeiro, regidos por Obaluaiê.
- Linha de Caboclos Sete-Pedras, regidos por Oxum.
- Linha de Caboclos das Matas, regidos por Oxóssi, etc.

Mas temos linhas mistas ou regidas por mais de um Orixá:

- Linha de Caboclos Sete-Flechas, regidos por Oxóssi e Iansã.
- Linha de Caboclos Sete-Pedreiras, regidos por Xangô e Iansã.
- Linha dos Caboclos Cobra-Coral, regidos por Ogum, Xangô, Iansã, Oxóssi.

Nestas linhas, e em todas as outras, são incorporados milhares de espíritos cujas religiões não eram a iorubá nem a indígena brasileira. Mas todos têm uma forma de incorporar bem característica, que todos reconhecem quando incorporam para trabalhar, diferenciando-os dos Pretos-Velhos.

A última religião de um espírito pouco importa, pois na Umbanda ele reverenciará os Orixás aos quais já servia, só que com outro nome.

Afinal, Deus é único, o Trono regente do nosso planeta em seu todo também é único. E os quatorze Tronos Planetários Naturais (os nossos Orixás) também são únicos, ainda que sejam cultuados com muitos nomes.

O Mistério Exu

*Com a Permissão do
Divino Mehór yê, Trono
Guardião do Mistério Exu
no Ritual de Umbanda Sagrada*

A Umbanda tem em Exu uma de suas linhas de trabalhos espirituais, assim como as tem na linha de Caboclo, Preto-Velho, Crianças, Baianos, Boiadeiros, Marinheiros e Sereias, todas regidas pelos Orixás.

Saibam que o Mistério Exu é polêmico justamente porque atua de forma negativa e sempre magística. Mas, para entendê-lo realmente, temos que voltar ao passado e à sua origem, onde foi "humanizado" e começou a atuar de forma direta na vida dos seres.

Na África, Exu ainda é tido como uma divindade da mesma estatura que os Orixás, é muito respeitado e temido, pois sua natureza dúbia e seus modos tortos de dar solução a um problema confundem quem recorre a ele.

Normalmente, durante os cultos, primeiro saúdam Exu com cantos, pedem sua proteção e depois o despacham com uma oferenda (o padê de Exu), onde lhe são servidos seus alimentos rituais.

Esse é um procedimento geral, além disso, toda casa de culto deve ter seu assentamento de Exu, no qual foi assentado o Exu da casa ou correspondente ao Orixá de cabeça do sacerdote que a dirige.

Isso é norma e é correto. Assim foi estabelecido como regra de procedimento em relação ao Mistério Exu.

Mas Exu tem um vasto campo de atuação dentro do culto aos Orixás, pois é tido como o mensageiro das ordens e vontades deles, que não se comunicam diretamente com os encarnados.

Exu "fala" através dos búzios e revela os odus no jogo divinatório onde é o intérprete qualificado para tanto, e aceito por todos como tal.

Mas ele também atua como elemento mágico e pode ser colocado em ação através de uma oferenda depositada numa encruzilhada, num caminho, etc., sempre em acordo com o objetivo que se deseja alcançar.

Ele, se não curar uma doença, certamente mostrará a quem o invocou e oferendou como curá-la ou a quem deverá recorrer para ser curado.

Se não puder solucionar uma pendência, mantê-la-á em suspenso até que surjam as condições ideais para encerrá-la.

Se não puder auxiliar a pessoa a conseguir o que pediu, certamente a ajudará na conquista de algo parecido.

Tudo isso é Exu no culto tradicional aos Orixás, realizado na África. Mas também recorrem a ele para muitas outras coisas, porque jamais esgotaram seus mistérios ocultos, todos ativáveis através de oferendas rituais e de magias com elementos materiais.

Como a Umbanda é uma religião e, como todas as outras, tem seu lado cósmico, ativo e punitivo, então o centrou em Exu e seu oposto complementar feminino, e os elegeu como mistérios responsáveis pelo esgotamento de carmas ou débitos com a Lei Maior, expandindo seus campos de ação e atuação, tanto na magia quanto na vida dos seres.

Saibam que toda religião tem tanto seu lado luminoso (positivo e amparador) quanto seu lado escuro (negativo e punidor).

Com a Umbanda não poderia ser diferente, já que é um dever de toda religião dar o amparo aos seus adeptos e estimulá-los a evoluir, como também deve puni-los, através de seus recursos cósmicos, caso eles se desviem da conduta tida como correta pela sua doutrina.

Toda religião possui essa dupla função, porque todo fator de Deus tem seu duplo aspecto, sendo uma parte positiva e outra negativa.

A parte positiva dos fatores divinos é gerada e regida pelas divindades luminosas irradiantes e positivas. Já a parte negativa deles é gerada e regida por divindades cósmicas, absorventes e negativas.

E mesmo a parte positiva ou negativa tem sua dupla polaridade, sendo um polo ativo e o outro passivo.

Saibam que a parte negativa de um fator divino é absorvida por criaturas que são regidas pelos instintos e possuem uma natureza instintiva. Já a parte positiva de um fator é absorvida pelos seres nacionais, cuja natureza é racionalista.

A associação que fazem entre certas espécies de animais e os Orixás tem seu fundamento na bipartidade de um fator. Então dizem que tal espécie de animal é de Oxalá, outra é de Ogum ou de Xangô, etc. E o mesmo se aplica à hereditariedade dos seres, pois uns são filhos de Oxóssi, outros são filhos de Xangô, etc., tudo por terem sido gerados numa qualidade de Deus cujo fator, seu Orixá, é um gerador e irradiador natural.

Bem, o fato é que todo Orixá é uma divindade, e tanto tem como atribuição o amparo aos seres quanto a punição dos que não se deixarem conduzir segundo os princípios divinos, dos quais ele é seu regente natural.

Oxalá rege os princípios "religiosos" da fé, e todo ser que se conduzir segundo eles estará sob sua irradiação luminosa e será amparado pelo seu mistério divino da fé. Mas se este mesmo ser se desvirtuar e afastar-se de sua irradiação luminosa, automaticamente estará sob a irradiação punitiva de seu mistério, e quem irá atuar em sua vida será uma divindade cósmica, cuja atribuição natural é refrear os seus instintos, contrários ao racionalismo religioso.

Esta divindade cósmica, que é punidora, não é ruim ou má em si mesma, mas tão somente acolhe em seu campo de atuação negativo, sem luz e cor, e saturado de energias desmagnetizadoras os seres que se desvirtuaram dos princípios da fé. Seu magnetismo absorvente é tão poderoso, que simplesmente desmagnetiza e congela o espírito que afrontou os princípios da fé.

Saibam que este Trono cósmico não é um Exu natural, mas, sim um Trono regido pelo "Tempo".

Só que disso, nem o mais sábio dos intérpretes das lendas dos Orixás tem ciência, porque este mistério era fechado e só agora, através da Umbanda Sagrada, ele está sendo aberto.

Só este Trono cósmico do Tempo lida com os aspectos negativos do fator religioso, gerado e irradiado por Oxalá.

"A lenda nos diz que Exu 'se assentou' do lado de fora da casa de Oxalá e com ele aprendeu muito, pois era muito observador."

Interpretando esta parte da lenda de Exu, temos: Exu não se assentou dentro da casa de Oxalá (o templo) porque, para lidar com os aspectos negativos desse Orixá, só assentando-se ao lado dele, assim Exu aprenderia e conheceria seus mistérios punidores ou cósmicos.

Ou temos: os mistérios punidores de Oxalá não estão dentro de sua casa (o templo), mas sim no lado de fora (no tempo). E se Exu desejava possuí-los para poder atuar como elemento mágico e agente cármico, tinha que renunciar à sua natureza de andarilho (os caminhos) e assumir a de Oxalá (a paciência, a perseverança e a resignação), pois só assim conquistaria a confiança de Oxalá.

Sintetizando, temos isto: "Oxalá está no íntimo de cada um e irradia-se através dos sentimentos de fé. Já seu aspecto punitivo está no exterior (o emocional), onde Exu assentou-se e cuida de punir todos os seres desequilibrados, pois teve a paciência de aprender com o próprio Orixá da fé".

Portanto, o Mistério da Fé (Oxalá) já existia antes do advento do Mistério Exu, que é o elemento mágico e agente cármico com poder suficiente para lidar com os aspectos negativos da fé e aplicar sua punição aos seres desequilibrados.

Mas isso dentro do universo religioso dos Umbandistas, pois em outras religiões outros elementos mágicos e agentes cármicos lidam com os aspectos negativos do Trono da Fé e aplicam as punições no campo religioso.

Estudem as outras religiões e descobrirão quem são esses elementos e agentes. Capeta, Diabo, Lúcifer, Ferrabrás, Belzebu, etc. são alguns nomes bastante populares, só que mal interpretados, pois transferem para eles os erros, as falhas e os pecados dos espíritos que se rebelam, revoltam ou desvirtuam os princípios da fé.

Atentem bem para o que aqui revelamos, pois antes de Exu "aprender" com Oxalá como lidar com os aspectos negativos da fé, já existia um Trono cósmico, sombrio, absorvente e punidor, que os aplicava em nível geral, e continua aplicando, assim como sempre os aplicará. Mas no nível do universo dos Orixás "africanos", Exu aprendeu como aplicá-los no nível local (uma religião) e no nível individual (um ser), tanto no campo da magia quanto no cármico (paralisador do desvirtuamento dos princípios religiosos e executor dos seres desvirtuados nos aspectos da fé).

"Às lendas faltou uma interpretação menos humana, épica e poética e mais científica, religiosa e divina."

Saibam que o Orixá Exu é uma divindade cósmica que gera e irradia um fator que vitaliza os seres, e por isso foi associado à sexualidade humana como "manipulador" do vigor sexual. Seu símbolo fálico já é um indicador eloquente de seu mistério original.

Mas o "vigor" de Exu não se aplica só à sexualidade, pois o vigor está em todos os sentidos da vida de um ser que, ou é vigoroso na fé, no conhecimento, no amor, na lei, etc., ou se tornará apático, desinteressado e pouco curioso acerca da criação divina.

Exu é esse vigor que ativa todos os sentidos de um ser, o estimula e vitaliza até mover-se e buscar algo novo, em todos os campos. Certo?

Exu tanto gera e irradia o fator vigor quanto o retira e absorve. Logo, se usado como recurso mágico dentro do campo cósmico de uma religião, ele adquire um poder único e de inestimável valor, pois tanto pode estimular a fé em alguém apático quanto pode esgotá-la em alguém que estiver fanatizado ou emotivado na sua crença.

E por ser agente cármico, a própria Lei Maior o ativa e ele começa a atuar como paralisador ou esgotador de carmas grupais ou individuais.

Saibam que estas "facetas" de Exu é que o tornam tão polêmico, pois mesmo pessoas que não cultuam os Orixás acabam sendo atuadas pelo mistério Exu. E por ser elemento mágico, qualquer um pode recorrer a ele, evocá-lo, ativá-lo ou desativá-lo, bastando saber como, já que, por ser um elemento mágico, só é ativado ou desativado se o evocarem ritualmente.

Saibam que todo elemento mágico não tem a livre iniciativa de autoativar-se. Ou alguém o ativa ou ele permanece neutro.

Portanto, se alguém estiver sendo atuado por Exu, é porque alguém o ativou e direcionou contra a pessoa que está sofrendo a atuação dele. Logo, tanto pode ser um desafeto quanto a própria Lei Maior que o ativou.

Se foi um desafeto, à pessoa atuada bastará recorrer a algum médium que este poderá desmanchar, quebrar ou virar a atuação. Mas se foi a Lei Maior, aí a desativação fica difícil e só com uma transformação íntima da pessoa atuada ela o desativará.

Vamos dar dois exemplos de ativação do Mistério Exu:

1º Uma pessoa ativa Exu contra um desafeto ou "inimigo".

Uma pessoa briga, discute, antipatiza ou não gosta de outra, e ativa contra ela o Mistério Exu, que por ser elemento mágico, responde à evocação e começa a atuar, não importando se é justa ou injusta a evocação. Afinal, ele é um elemento mágico neutro que só se torna ativo se alguém ativá-lo.

Neste caso, sua atuação dependerá da reação da pessoa atuada e da proteção espiritual que ela tem, que poderá "virar" a atuação de Exu justamente contra quem o ativou. E se quem se o ativou foi um terceiro, aí tanto quem solicitou sua ativação como quem o ativou sofrerão o choque do retorno.

Saibam que não são poucos os médiuns e supostos pais-de-santo que sofrem violentos choques de retorno, que volta com a força reativa da Lei Maior, já com seus aspectos punitivos e executores de pessoas que fazem mau uso dos mistérios divinos e dos elementos mágicos "universais" (colocados pela Lei Maior à disposição de todos).

Um elemento mágico assume a condição de "universal" se a Lei Maior o abrir a todos, independente de sua religião. E Exu é um elemento mágico "universal" ou aberto a todos. Pessoas de todas as religiões podem evocar Exu que serão atendidas.

Saibam que seu símbolo mágico original é um "falo", e que o tridente é outro símbolo mágico universal de cujo mistério Exu se apossou, pois viu nele um recurso adicional às suas atuações.

Saibam também que cada símbolo mágico tem uma divindade cujo mistério se manifesta através dele, sempre que for ativado corretamente. Mas no decorrer dos tempos, as divindades que os regem foram sendo "substituídas" por outras nas novas religiões. Em consequência, os símbolos perderam parte dos seus poderes, pois se os ativam, no entanto não sabem qual é o nome correto da divindade que devem evocar durante suas ativações. Então não obtêm o resultado esperado porque faltou este "detalhe" durante a realização de suas magias.

Atentem bem para o que acabamos de revelar, e perguntem aos maiores iniciados ou magos se sabem todos os nomes das divindades que regem os símbolos que riscam durante suas magias, cabalas, etc.

Saibam que não. E justamente por isso, nós somos cautelosos no uso da magia e críticos com os que se dizem falsos magos ou cabalistas, pois realmente não sabem o nome das divindades que regem os símbolos que riscam à "torta" e à direita. E tem muitos supostos magos recorrendo a símbolos cujas divindades regentes são cósmicas, absorventes e tão possessivas que têm na conta de seus todos os que recorrem aos seus símbolos sagrados. Daí, é só uma questão de tempo para começarem a ser atraídos por alguma dessas divindades cósmicas possessivas, porque são punidoras e lidam com os aspectos negativos dos sete Tronos planetários.

Bem, voltando ao Mistério Exu, saibam que, assim como Exu assentou-se do lado de fora da casa de Oxalá (no tempo, ou do lado de fora do templo), ele também se assentou ao lado da casa da divindade cósmica que dá sustentação ao símbolo cósmico, e punitivo, que denominamos de tridente mágico. E o usa tanto como "arma" quanto para irradiar um tipo de energia penetrante, que perfura a aura de uma pessoa e inunda seu corpo energético, desequilibrando sua vibração e seu magnetismo, assim como também para desenergizar uma pessoa, um espírito desequilibrado ou mesmo uma magia que esteja vibrando no astral.

Mas o falo totêmico ou o tridente mágico não são os únicos símbolos de Exu, pois no decorrer do tempo muitos outros ele foi possuindo e incorporando como recursos vitalizadores ou desvitalizadores de magias, atuações, reações e choques cármicos.

A Umbanda absorveu o Mistério Exu e o assentou à sua esquerda, onde ele rege inúmeros mistérios dos Orixás em seus aspectos negativos.

Com isso Exu tornou-se o único acesso religioso e mágico aos recursos punitivos que em outras religiões estão difusos, mal interpretados e mal explicados e, em vez de serem aceitos, são anatematizados, excomungados, amaldiçoados, etc. pelos seus sacerdotes, que vivem a alertar seus fiéis sobre suas condutas pessoais e seus deveres religiosos, mas não entendem que, se falharem, errarem e pecarem, serão atuados por um dos aspectos negativos da divindade que cultuam.

Com isso, em vez de alertarem seus fiéis sobre o que realmente está atuando sobre eles no sentido de repararem seus erros e reformularem seus princípios, seus conceitos religiosos e suas condutas pessoais, jogam nas costas do "diabo", livrando o homem da responsabilidade pelos desmandos e miséria que afligem a humanidade.

Os homens são os responsáveis pelas dificuldades materiais da humanidade, pois a ambição e o egoísmo desvirtuam a política, e a corrupção desvirtua o caráter e a moral. Mas nós vemos supostos líderes religiosos lançando a culpa ao demônio ou outra entidade abstrata, mas muito viva no imaginário religioso popular.

Para os responsáveis pelo país, isso é ótimo, porque os isenta de culpas e encobre os incompetentes, os maus aplicadores dos recursos públicos e serve aos seus interesses, já que até eles podem se eximir, caso aleguem que todos os males do mundo se devem a um ente infernal abstrato.

Portanto, se quiserem ser bons sacerdotes, aprendam isto: a causa dos males do mundo está no próprio ser humano egoísta, mesquinho, volúvel, corruptível, ambicioso, prepotente e apegado aos vícios desvirtuadores da moral e do caráter. E se Exu foi ativado contra alguém por uma pessoa, não foi por influência do demônio, mas sim porque quem o ativou é alguém que se encaixa num dos termos usados como os causadores dos males do mundo.

Agora, se é uma atuação da Lei Maior, aí o exemplo que daremos a seguir explicará sua interferência na vida de alguém. Vamos ao nosso segundo exemplo.

2º Se uma pessoa está sofrendo injustiças no seu trabalho, ou de um desafeto qualquer (vizinho, inimigo, adversário, concorrente etc.), e evocar alguma divindade à qual clamará para que ela interfira a seu favor, livrando-a da injustiça a que está sendo submetida, com certeza essa divindade tentará, via irradiação, reequilibrar o emocional do "perseguidor" e o estimulará no sentido de reformular seus sentimentos e sua conduta.

Mas caso isso não seja conseguido via irradiação, a divindade recorrerá a alguma hierarquia espiritual, que enviará algum espírito, que atuará diretamente, mental e positivamente, visando despertá-la para o erro que está cometendo ao praticar uma injustiça contra um semelhante seu, que aos olhos de Deus é um irmão seu. Mas caso este espírito não consiga sucesso na reparação moral do ser do nosso exemplo, aí... bem... aí a divindade evocada ativará algum de seus recursos punitivos, assim como o Exu responsável pela sua aplicação na vida dos "devedores" da Lei Maior.

Este Exu será um executor da Lei e sua função é dupla, pois além de interromper a injustiça que está sendo cometida contra alguém, ele ainda punirá quem a está perpetrando, criando um tormento em algum aspecto negativo de sua vida. Então dizemos que este Exu lida com os aspectos negativos do Orixá que o rege como instrumento da Lei.

Uma pessoa atuada por um aspecto negativo de um Orixá, em pouco tempo começa a dar mostras de que está sendo atuada, pois no aspecto em que está sendo punido tudo acontece de uma forma tão sutil que a pessoa nem percebe o que está acontecendo.

Mas sempre tem alguém que dá um alerta, e a pessoa ou o refuta ou corre a um centro de Umbanda, Espírita ou de Candomblé para livrar-se das dificuldades que a estão atormentando.

É trabalhoso lidar com uma atuação da Lei e a pessoa que a está sofrendo só deixará de ser atuada caso reformule toda a sua vida, transforme seus sentimentos íntimos e deixe de atuar injustamente contra seus semelhantes, que aos olhos de Deus é seu irmão.

Raramente estas atuações são descobertas, e os guias espirituais que as veem são reticentes quanto à origem delas (a lei), preferindo orientar a pessoa que está sendo punida, trabalhar seu emocional e despertar em seu íntimo os sentimentos de amor, fé, respeito e fraternidade, pois vibrando-os, a pessoa assume uma nova postura e deixa de ser atingida pela irradiação negativa que a está paralisando e atormentando.

Mas, caso, mesmo sendo orientado, continuar a vibrar injustamente contra um semelhante, aí guia nenhum conseguirá ajudá-lo, fato este que leva muitas pessoas que estão sendo punidas pela Lei a buscar o abrigo em seitas miraculosas ou messiânicas, cujos astutos líderes prometem a cura de todos os males, a solução de todos os problemas e a salvação eterna.

De certa forma essas seitas milagreiras ou salvacionistas ajudam as pessoas que as procuram, porque as induzem a uma mudança total de atitudes, caráter, moral e religiosidade, colocando-as numa dependência direta e total, tirando-lhes o livre-arbítrio religioso e realizando uma verdadeira limpeza religiosa na mente delas. Mas muitos se fanatizam, exacerbam os ânimos e voltam-se furiosamente contra "Exu" e contra os Orixás.

Pessoas que se fanatizam, com certeza não encontrarão nenhum Exu quando desencarnarem, mas também não encontrarão nenhuma divindade e muito menos a que distorceram com seus fanatismos e ódios às outras religiões e seus fiéis. Mas com certeza ver-se- ão de frente com o mais temido dos Tronos cósmicos punidores: Lúcifer, o senhor das ilusões, dos fanáticos e dos revoltosos religiosos!

Para finalizar, saibam que os Exus, ao se apresentarem com um nome simbólico, através dele estão revelando qual é seu principal campo de atuação, qual é o aspecto negativo que ativa ou desativa, e a qual divindade e mistério servem ou têm ao seu lado para lidar com seus aspectos negativos.

"Aspectos são sinônimo de qualidade".

Observação: Não foi aberto para a dimensão material o mistério Exu feminino. Logo, quem escreve que Pombagira é Exu fêmea não sabe nada sobre este outro mistério da Umbanda.

Afinal, Exu é elemento mágico cósmico e agente cármico, cujo mistério e divindade regente gera e irradia o fator "vigor". Já Pombagira tem como divindade cósmica e regente uma que gera e irradia o fator "desejo".

Saibam que os fatores vigor e desejo se completam, porque vigor sem desejo não se torna ativo, e desejo sem vigor logo se esgota.

Portanto, muito cuidado com o que andam ensinando sobre esses dois mistérios cósmicos, agentes cármicos e elementos mágicos "vivos" absorvidos pelo Ritual de Umbanda Sagrada para lidarem com os aspectos ou qualidades negativas dos Orixás.

Saibam também que existe uma dimensão da vida, paralela à dimensão humana, cuja energia principal é vitalizadora, e é habitada por seres "Exu", que são tantos que talvez alcancem a casa dos trilhões.

Todos são regidos por uma divindade cósmica, que denominamos de divindade X, porque seu nome sagrado não pode ser revelado ao plano material.

O Trono guardião dos mistérios dessa dimensão é o divino Mehór yê, divindade cósmica que polariza com o Orixá Ogum.

Enquanto Mehór yê é o Guardião dos Mistérios do Vigor Divino, Ogum é o Guardião da Potência Divina, e ambos formam uma dupla polaridade na onda viva ordenadora da criação nos níveis planetário e multidimensional.

Saibam também que essa energia vitalizante da dimensão "X" não desperta nenhum desejo sexual, mas tão somente vitaliza os seres em todos os sete sentidos da vida.

Os vórtices planetários multidimensionais retiram dessa dimensão suas energias vitalizadoras e as distribuem para todas as outras setenta e seis, não deixando nada e ninguém sem recebê-las, pois por eles passam todas as correntes eletromagnéticas transportadoras de energias essenciais já fatoradas.

Portanto, se alguém disser que Exu é sinônimo de "demônio", ensinem isto: Deus tem toda uma dimensão da vida, toda habitada por seres naturais muito parecidos conosco, e nela nenhum deles tem chifre e rabo, não soltam fogo pela boca nem vivem atormentando-se uns aos outros, mas, sim, convivem entre si muito melhor que nós, os humanos. Agora, como elemento mágico e agente cármico, Exu é mais um dos muitos mistérios da religião de Umbanda Sagrada, que congrega em suas linhas de trabalhos seres de muitas dimensões da vida.

O Mistério da Pombagira

*Com a Permissão da
Divina Mahór yê, Trono
Guardião do Mistério Pombagira
no Ritual de Umbanda Sagrada*

Ao comentarmos o Mistério Exu, já salientamos que ele é elemento mágico e agente cármico assentado à esquerda da religião Umbanda.

Também comentamos que o Mistério Pombagira é regido por uma divindade cósmica que tanto gera quanto irradia o fator "desejo".

Saibam que estes fatores, vigor (Exu) e desejo (Pombagira), se completam e criam as condições ideais para que a Umbanda tenha seus recursos mágicos e cármicos, também eles, atuando através de linhas de forças horizontais ou inclinadas, e dispensa a ativação direta dos Tronos Cósmicos ou dos aspectos negativos dos regentes das linhas de Umbanda.

Saibam também que nem Exu Natural, nem Pombagira Natural seguem a mesma linha e direção evolutiva dos espíritos, pois eles seguem outra orientação e direcionamento.

Mas se seus mistérios foram humanizados, então o que acontece é que foram colocados à disposição dos Orixás para atuarem como elementos mágicos e agentes cármicos "vivos", pois eles são em si mesmos geradores e irradiadores dos fatores vigor e desejo, e ativam natural e automaticamente os mistérios das divindades que os regem e amparam, enquanto se mantiverem dentro dos limites estabelecidos para eles pela Lei Maior. Mas se o extrapolarem, também serão punidos pela Lei Maior.

Pombagira Natural é um ser cuja presença desperta o desejo, porque é irradiadora natural desse fator divino. Só que esse fator não se limita ao sexo, e destina-se a todos os sentidos da vida, pois só "desejando", um ser empreende alguma coisa ou toma alguma iniciativa em algum sentido.

Saibam que todos os fatores divinos fluem através do "prana", ou energias que fluem pelo cosmos mas são invisíveis aos nossos olhos. Quem os absorve são os nossos chacras e eles vão imantando nossos sentidos, despertando em nós sentimentos os mais variados, alguns deles positivos e outros negativos.

Nós estamos absorvendo continuamente um fator que denominamos de fator desejo, porque ele cria em nossos sentidos as condições ideais para nos lançarmos na conquista de algo, pois desperta em nosso íntimo o desejo de conquistá-la. Essa predisposição é fundamental, e sem ela desistiríamos assim que surgissem dificuldades em nosso caminho.

Portanto, o desejo é um fator divino fundamental em nossa vida, pois nós o absorvemos por todos os sete chacras principais e também pelos secundários.

Invariavelmente associam o desejo a um sentimento condenável, pois desejo assumiu conotação de sexualidade fora do controle ou dos limites, aceitos como normal pelas religiões, que veem o sexo como algo deslocado. Os religiosos, em suas vidas celibatárias ou regradas por normas comportamentais rígidas, têm dificuldade em aceitá-lo como algo normal na vida de um ser.

Assim, dão ao desejo sexual uma conotação pecaminosa, viciada e de fragilidade, pois só o aceitam como normal se for para procriação. Esquecem-se de que o ser humano não é como as criaturas das espécies inferiores, que são regidas por ciclos férteis e ciclos não férteis. O desejo só existe porque assim Deus quis e ele não se manifesta só através do sexo, pois sentimos o desejo de aprender, de viajar, de conversar, de nos divertir, de comer determinado alimento ou de vestir determinada roupa, etc.

Enfim, o desejo é fundamental na vida dos seres, e sem ele vegetaríamos, pois seríamos apáticos em todos os sentidos da vida.

Bom, com isso explicado, vamos comentar o Mistério Pombagira, que se manifesta na Umbanda através de seres naturais ou de espíritos incorporados às suas hierarquias ativas, pois são elementos mágicos que podem ser ativados por qualquer pessoa, desde que o faça dentro do ritual codificado como correto pelo Ritual de Umbanda Sagrada, assim como são agentes cármicas, pois podem ser ativadas pela Lei Maior.

Não vamos nos tornar repetitivos, pois em nosso comentário sobre o Mistério Exu já explicamos que em si ele é neutro, e o mesmo acontece com a Pombagira, que também pode ser ativada com oferenda ritual, pois é elemento mágico, assim como pode ser ativada pela Lei Maior porque é agente cármica, esgotadora de emocionais apaixonados ou despertadora do desejo em seres apáticos e incapazes de seguir adiante em suas evoluções.

Não vamos repetir aqui os dois casos em que Exu pode ser ativado, já que o mesmo se aplica à Pombagira.

Saibam que existe uma dimensão da vida cujo polo positivo é regido por Oxum e cujo polo negativo é regido por uma divindade cósmica que não foi humanizada e não é cultuada diretamente. Mas é ativa em função da "humanização" de Oxum.

Enquanto Oxum irradia o amor em todos os sentidos da vida, essa divindade irradia o desejo. E com isso complementa a manifestação agregadora do amor, dando-lhe fluidez e expansão, pois amar, todos amam. Mas amar algo, só sentindo desejo de amá-lo nos apegaremos a este "algo" amado, seja ele uma divindade, uma religião, um conhecimento, uma pessoa ou mesmo o próprio Deus.

Sim, todos dizem: Eu amo Deus! Só que é um amor passivo. Já, caso o fator desejo flua junto com este sentimento de amor a Deus, aí ele é ativo, emocionante, abrasador, irradiante e envolvente. Além disso, abre os canais de absorção da essência da fé, só absorvida em grandes quantidade por quem vibrar um forte sentimento de amor a Deus.

Atentem bem para o que comentamos porque a estigmatização do fator desejo e sua associação automática e pejorativa com o sexo, feita pelas religiões abstratas, fecharam todo um campo do conhecimento ao plano material e empobreceram o mistério "desejo", tão importante quanto todos os outros mistérios divinos.

Entendam que se Deus criou tudo, também gerou o desejo como uma de suas qualidades ou fatores, pois sem vibrarmos o desejo, nada desejaremos e nos tornaremos apáticos, desinteressados e nos paralisaremos.

Logo, Deus, que tudo sabe, cuidou deste aspecto de nossa vida e gerou o desejo como um de seus fatores, assim como gerou uma divindade cósmica que tanto o gera como o irradia a tudo e a todos.

Essa divindade de Deus também formou sua hierarquia divina, que chega até nós no nosso nível terra como as exuberantes, envolventes, insinuantes e excitantes Pombagiras, que são regidas por um Trono cósmico feminino cujo nome mântrico é Ma-hor-iim-yê, ou Mahór yê, Senhora Guardiã dos Mistérios do Desejo, que polariza horizontalmente com o Trono Cósmico Guardião dos Mistérios do Vigor.

Logo, Pombagira polariza com Exu. E o desejo, unindo-se com o vigor, cria nos seres as condições ideais que os ativarão em todos os sentidos e os induzirão a assumir com vigor e paixão as empreitadas mais temerárias.

Sim, só sendo movido por um forte desejo e sendo dotado de um forte vigor mental alguém se lança numa direção, supera todas as dificuldades que surgirem e alcança seus objetivos.

Esta é a interpretação positiva dos fatores Desejo e Vigor, ou de Pombagira e Exu, que são, na Umbanda, agentes cármicos e elementos mágicos de primeira grandeza, se devidamente ativados e usados.

Mas, caso sejam ativados e usados indevidamente, aí perdem suas grandezas e se tornam paixões devastadoras e vigores atormentadores para quem der esse uso a eles, pois são em si mistérios, e, como tal, voltam-se contra quem lhes der um mau uso. Aí subjugam essa pessoa, induzem-na aos maiores desatinos e aberrações até lançá-la num tormento alucinante, delirante e bestificante, cuja finalidade é levá-la à loucura em todos os sentidos ... e esgotá-la emocionalmente, enlouquecendo.

Portanto, se souberem de alguém que vive de Exu e de Pombagira para explorar a boa-fé das pessoas, saibam que ali está alguém que pagará um alto preço após o seu desencarne, assim como poderá começar a pagá-lo ainda aqui, no campo carnal.

Saibam que muitas pessoas que abandonaram a Umbanda e o Candomblé e, todos confusos, atrapalhados e perseguidos por hordas de espíritos obsessores, estão entre as que achavam que Pombagira e Exu eram seus escravos e os atenderiam inconsequentemente. Mas como começaram a pagar o preço ainda aqui, correram para o abrigo das seitas salvacionistas, e dali se voltam contra estes mistérios cósmicos, acusando-os de "demônios".

Nós perguntamos isto: será que não cometeram erros, falhas e pecados em nome de Exu e de Pombagira, assim como em nome de outras divindades naturais (Orixás), que são mistérios em si mesmos, e, quando começaram a ser punidos, abandonaram a crença neles e a fé em seus poderes, fugiram e hoje os acusam como os culpados pelo tormento que seus erros, falhas e pecados lhes acarretaram?

Sim, porque é muito comum ouvirmos pessoas dizerem que frequentaram o Espiritismo, a Umbanda e o Candomblé por muitos anos mas não foram ajudadas.

Será que não foram ajudadas ou não ajudaram a si mesmas?

Reflitam sobre isso, pois Pombagira não se autoativa contra ninguém, ou alguém a ativa ou isso quem faz é a Lei Maior.

E tanto pode ser ativada para auxiliar quanto para esgotar o desejo em todos os sentidos da vida de uma pessoa, quanto só num sentido onde está se excedendo e se desviando de sua evolução reta e contínua.

Saibam que existe toda uma dimensão da vida onde bilhões de seres fêmeas evoluem sem o concurso do corpo carnal ou do ciclo reencarnacionista, pois não foram espiritualizadas. E todos irradiam uma energia que transporta consigo o fator que ativa o desejo em quem absorvê-la.

Se for uma pessoa religiosa, sua crença se expandirá. Mas se for uma pessoa sexualizada, aí... bem... aí conhecerá o tormento do sexo, pois se tornará insaciável neste aspecto de sua vida.

Saibam que se alguns associam Pombagira às prostitutas, é porque estas, antes de assumirem essa condição negativa, já tinham uma propensão natural à exacerbação do sexo, ou já vibravam um forte desejo nesse sentido da vida, ou o desvirtuaram e perderam a noção exata de sua função na vida de um ser: gerar vida, proporcionar prazer e manter o emocional em equilíbrio para que o desejo de aprender, de amar, de viver em equilíbrio no seu meio etc. também flua naturalmente, e não como vícios e desequilíbrios mentais.

Temos que ter ciência e consciência desses mistérios, pois assim, quando virmos médiuns de Umbanda dando mau uso a eles, os advertiremos dos erros que estão cometendo, porque mais dia menos dia virá uma cobrança pesada da lei do uso dos mistérios da Umbanda.

Se virem mulheres fragilizadas no sexo dizerem que são assim por causa de suas Pombagiras, tentem orientá-las e esclarecê-las de que a fragilidade neste sentido se deve a algum desequilíbrio mental ou emocional, ou a algum distúrbio genético ou energético. E que se algum espírito obsessor tem se aproveitado desta fragilidade para extravasar seus vícios através de seu corpo carnal, o melhor a fazer é orar a Deus e reagir contra essa possessão desvirtuada, pois não tem nada a ver com a incorporação de uma Pombagira de Lei, que só incorpora para realizar trabalhos de natureza espiritual ou para dar consultas.

Eventuais desvios de comportamento costumam acontecer por falta de orientação mediúnica e de orientação doutrinária a espíritos ainda pouco esclarecidos, mas que incorporam durante os trabalhos, animizando seus médiuns.

Eventuais excessos durante as manifestações, tais como palavras chulas, trejeitos ou gestos obscenos e condutas e consultas em desacordo com os padrões morais da sociedade e dos frequentadores dos templos de Umbanda, devem ser combatidos. E caso o próprio dirigente espiritual os tolere, então devem, primeiro, alertá-lo do erro que está cometendo por não impor uma doutrina comportamental rígida. Mas se mesmo assim nada for feito, então devem se afastar e procurar outro templo de Umbanda cujo dirigente zele pelo comportamento, não só durante as incorporações, mas também dos médiuns que acolhe em nome dos Orixás.

Damos este alerta porque pessoas despreparadas, ou com má conduta e má formação moral toleram a incorporação de quiumbas (espíritos viciados) e com isso maculam a Umbanda e denigrem todo o maravilhoso trabalho que os espíritos realizam em nome dos Orixás, as divindades ou Tronos regentes do Ritual de Umbanda Sagrada.

Nós sabemos que muitos desses comportamentos ou desvios se devem à falta de doutrina, tanto dos espíritos que incorporam pela primeira vez num médium, pois eles, ao incorporarem, são influenciados pelo seu emocional, quanto pelo comportamento que veem nos médiuns mais velhos.

Sim, se uma médium nova ver outra, já velha na incorporação, incorporar sua Pombagira e ambas extravasando seus emocionais, aí tanto ela quanto o espírito feminino que irá incorporar nela pela primeira vez entenderão que aquilo é normal, e repetirão o comportamento desvirtuado e os desvios de locução.

Se alertamos isso é porque Pombagira e Exu atuam a partir do emocional, e sem uma doutrinação madura, com certeza o emocional dos seus médiuns extravasará e os amoldará durante suas manifestações e consultas, deslustrando todo um trabalho e a própria doutrina religiosa de Umbanda, que diz:

"Com os espíritos evoluídos aprenderemos, aos espíritos atrasados ensinaremos e a nenhum renegaremos" (Caboclo das Sete-Encruzilhadas, através de seu médium Zélio de Morais).

Médiuns, não deixem de aprender com os espíritos que vêm ensiná-los, não deixem de ensinar os que ainda estão paralisados no tempo por causa de seus vícios comportamentais, e não reneguem a nenhum porque, aos olhos de Deus, são vossos irmãos. E se a Lei Maior os conduziu até vocês, é porque confia que farão por eles o que outros não fizeram quando eles viveram num corpo carnal.

Saibam que o comportamento dos Exus e Pombagiras, dentro de um templo, ou assume sua condição positiva ou desvirtua a própria religiosidade de Umbanda, dos seus médiuns e dos frequentadores das sessões de trabalho, que verão no palavreado chulo e nos comportamentos obscenos a exteriorização daquilo que mais devemos combater: o desvirtuamento dos sentidos da vida!

P.S.: Este comentário foi inspirado pela divina Mahór yê, Trono Feminino e Guardiã do Mistério Pombagira, que se manifesta no Ritual de Umbanda Sagrada como uma de suas linhas de trabalho, atuando magisticamente e esgotando carmas passados, tanto dos seus médiuns quanto de quem as consulta.

Alguns conhecimentos desvirtuadores desse mistério, que têm sido passados de boca em boca ou através de livros, têm muito a ver com o próprio desequilíbrio mental e má formação moral de quem os difunde, e têm pouco a ver com esse mistério regido pela Lei Maior.

Exus na Umbanda
Um Mistério de Deus e
Um dos Fatores Divinos

Exu, o polêmico Orixá nigeriano é, de fato, um mistério religioso e é uma divindade da mesma magnitude dos outros Orixás cultuados por candomblecistas e umbandistas.

Se afirmo isso, só o faço após pesquisar fundo este mistério que nos assusta, fascina e intriga, ou nos confunde.

Sim, Exu, tal como o conhecimento na Umbanda, pouco nos revela e muito nos confunde, pois se conversamos com um deles manifestado em seu médium, ele nos revela que já viveu no plano material e até nos cita datas de quando passou pela carne; nos informa sobre algumas das causas de sua condução à esquerda e do seu esforço para retornar à "tona" através do trabalho espiritual com seu médium.

"Entrevistei" muitos Exus incorporados em seus médiuns e todos, com certa relutância, confirmaram que já haviam encarnado uma ou várias vezes e que, através do trabalho mediúnico, estavam resgatando seus carmas.

Também conversei com espíritos que se manifestam através dos arquétipos fluídicos de "boiadeiros", de "baianos", de "marinheiros", etc., e muitos deles me revelaram que já haviam sido "Exus", mas que haviam resgatado seus carmas, ou parte dele, e que haviam conquistado um novo grau, através do qual (os citados) agora se manifestavam incorporando em seus médiuns.

Isso me intrigava, pois as lendas e mitos sobre Exu o descreviam como um Orixá muito respeitado, temido e cultuado pelos nigerianos antigos.

Li tudo o que encontrei sobre este Orixá e ouvi muitas opiniões pessoais sobre ele, e no entanto sentia que faltava algo, uma palavra "final" sobre este mistério tão fascinante.

Tudo o que li e ouvi tenho como correto, pois cada um escreveu ou comentou este mistério sob seu ponto de vista e segundo seu grau de entendimento, os quais lhe forneceram suas conclusões parciais acerca do indescritível, já que como todo mistério de Deus, nossas conclusões são só isto: conclusões parciais!

Faltava-me a palavra final que aquietaria minha curiosidade e me daria uma interpretação segura e abrangente sobre este mistério de Deus que me chegou quando o mistério dos fatores divinos começou a ser aberto enquanto eu psicografava o livro *A Gênese Divina de Umbanda*, no qual as divindades "Orixás" são descritas como "Tronos de Deus" e como "os construtores do universo", corroborando as lendas e os mitos nigerianos acerca deles.

Sim, até então eu tinha certa dificuldade para entender as lendas e os mitos dos Orixás, pois os achava muito "terra" em se tratando de divindades, principalmente porque muitas lendas são em torno dos ancestrais fundadores dos reinos (povos ou nações que formaram a exuberante cultura yorubana) nigerianos.

Em minhas conclusões eu dizia para mim: "Se viveram na Terra, então são eguns, não Orixás. Logo, estas lendas se referem a heróis nacionais nigerianos divinizados".

Mas uma contradição logo se estabelecia em minha mente, pois eu me recordava de Jesus Cristo, que também viveu na carne e no entanto é uma divindade que sustenta através da fé milhões de cristãos. Logo, Jesus também é um "egun" ou um espírito.

Dúvidas! Muitas dúvidas! Que logo começaram a ser diluídas e substituídas por esclarecimentos lógicos, muito lógicos.

Sim, na *Gênese de Umbanda* os espíritos mensageiros nos revelaram o Mistério dos Fatores de Deus e tudo assumiu uma lógica, através da qual as lendas e os mitos assumiram a condição de revelações divinas ocultadas atrás de descrições alegóricas (e humanas) dos mistérios de Deus (as suas divindades).

Cada Orixá é descrito como uma divindade unigênita (a única gerada por Deus) que é capaz de gerar de si e criar suas hereditariedades divinas que formam hierarquias que se espalham por todo o universo invisível, do qual regem a evolução dos seres e dão sustentação divina a toda a criação de Deus, seja ela animada (viva) ou inanimada (o mundo concreto formado pela matéria).

Com isso esclarecido, tudo assumiu sentido e entendi o porquê dos Orixás terem suas folhas, suas ervas, seus frutos, suas sementes, seus otás (pedras), seus animais, seus pontos de forças ou seus santuários naturais, etc.

Mas também assumiram uma lógica magnífica e indestrutível as interpretações que descrevem Iemanjá como a mãe da vida e dos Orixás que ela gerou quando de sua "fuga"; que descrevem Ogum como o senhor das demandas e dos caminhos; que descrevem Oxum como senhora do amor e da concepção; que descrevem Xangô como o senhor da justiça; e que descrevem Oxalá e Ododuá como os concretizadores (os criadores) da Terra (o ayê).

As lendas nos revelam uma sabedoria incomum e admirável, pois nos dizem que os Orixás são os "deuses construtores" do universo e ao mesmo tempo nos dizem que estiveram na terra, povoando-a com seus filhos(as) e que, de certa forma, estão entre eles, pois seus oris (suas cabeças) lhes pertencem, nos revelando que somos seus herdeiros naturais "espiritualizados".

Todos nós sabemos que temos nossos Orixás de "cabeça", que são nossos pais e mães divinos, e que nosso tipo físico, nossa natureza e nosso modo de ser obedecem a estas ancestralidades reveladas através do jogo de Ifá ou de outros jogos divinatórios. Mas nos faltava a palavra final e esclarecedora sobre o "porquê" de sermos assim.

E os "Fatores de Deus" nos esclareceram todas as dúvidas e nos forneceram as bases para todo um conhecimento acerca dos Mistérios de Deus (suas divindades).

Nesta nova teologia, diferente da nigeriana, mas não antagônica a ela, tudo foi assumindo uma lógica tão sólida quanto a Terra, tão concreta quanto tudo o que os nossos olhos podem ver e tão bela quanto o mais belo dos diamantes.

Os Fatores de Deus não contradizem as lendas e os mitos sobre os Orixás, mas, sim, corroboram e explicam de uma forma lógica, científica mesmo, os mistérios das divindades, forma esta que nos coloca teologicamente em pé de igualdade com as mais elaboradas e mais "racionais" teologias judaica, cristã e islâmica.

Não pensem que estou tergiversando ou me afastando do objetivo inicial deste livro, pois, até aqui, estou criando a base sólida para explicar de forma lógica e racional o Mistério Exu.

Bom, após este alerta, voltemos ao nosso comentário.

- O fato é este: Deus gera em si e gera de si.
- Ao gerar em si, ele gera as suas divindades e estas são seus mistérios, aos quais podemos descrever como seus filhos unigênitos ou únicos gerados. Ou não é verdade que Ogum, puro, só há um? Assim como só há uma Iemanjá, só uma Oxum, só um Oxalá, só um Xangô, etc.
- Deus gera em si seus filhos(as) unigênitos(as) (os únicos gerados) e que são seus mistérios divinos, só possíveis de ser descritos por nós de forma "humana", pois são mistérios transcendentes, mas que assumem para nós feições bem humanas.
- Estes mistérios de Deus geram de si seus filhos e filhas divinos e surgem os Orixás mistos ou com duplas qualidades, que nós descrevemos não mais como Ogum, Iemanjá, Iansã, Xangô, Oxum, etc., mas sim como Ogum Naruê (Ogum do Ferro); Iemanjá Ogumté (Iemanjá da Lei); Iansã Balé (Iansã do Cemitério); Xangô Ayrá, Oxum Ipondá, etc.

Esses Orixás "mistos" não são geradores de fatores puros, e, sim, surgem da fusão dos fatores originais gerados pelos Orixás puros ou ancestrais.

Com isso explicado, entendemos quando alguém nos diz: sou filho de Ogum e o meu Ogum é o senhor Ogum Beira-Mar, ou Megê, ou Naruê, etc.

E também entendemos que, quando alguém nos diz que seu caboclo é de Ogum, na verdade este alguém está nos dizendo que seu caboclo trabalha na irradiação de Ogum, pois é este Orixá que está doando a este caboclo a sua qualidade ordenadora e dotando-o com o poder de atuar como espírito aplicador da lei dentro dos terreiros de Umbanda.

Só que este caboclo não é Ogum puro e não é um Ogum misto, mas, sim, um caboclo de Ogum, ou seja: ele é um espírito que manifesta de si um dos mistérios mistos do Orixá Ogum.

Até aqui temos:

- Um Deus que gera em si seus mistérios ou suas qualidades ou seus aspectos divinos que o tornam no que ele é: o mistério gerador de mistérios.
- Os mistérios de Deus, que são as suas divindades, cada uma associada a uma qualidade pura de Deus, às quais podemos descrever de duas formas:

1ª Como as qualidades fé, amor, justiça, lei, geração, concepção, potência, etc.

2ª Como fatores, tais como:
- congregador
- criativo
- ordenador
- direcionador
- equilibrador
- expansor
- gerador
- agregador, etc.

A lista de fatores ou de qualidades puras e originais ou mistas é imensa, revelando-nos a existência de muitas divindades ou Orixás, uns puros ou ancestrais e outros mistos ou secundários.

Eis que agora, sim, temos uma base para comentar de forma lógica e de fácil entendimento o Mistério Exu, pois Deus gera muitos fatores e um deles é conhecido como fator vitalizador.

Este fator vitalizador é puro e original e está em tudo o que Deus criou, pois, por ser uma qualidade original d'Ele, está em tudo, e todos, que foi criado por ele.

Logo, a vitalidade é uma qualidade de Deus e é um dos seus mistérios, no qual Deus também gerou uma de suas divindades.

- Essa divindade gerada por Deus na sua qualidade vitalizadora é uma geradora natural do fator vitalizador, que está espalhado por toda a criação divina, vitalizando-a.
- Esta divindade de Deus tem um nome, que é: Exu!
- Logo, Exu é uma divindade de Deus e é um dos seus filhos unigênitos, ou único gerado dotado com o poder de gerar o fator vitalizador.

– Portanto, Exu Puro só existe um e seu poder vitalizador se estende por todo o universo e influencia até os outros Orixás, pois sem "vitalidade" nada flui, avança, prospera ou se multiplica.

Com isso explicado, então as lendas de Exu estão corretas, pois nelas ele é descrito como "irmão" de Ogum, de Oxóssi, etc., mas um irmão temido ou rejeitado, evitado mesmo!

Nós entendemos essas reservas em relação a Exu como um receio quanto ao seu fator vitalizador e a um dualismo só encontrado neste Orixá: a capacidade de vitalizar e de desvitalizar, qualidade esta que não é encontrada nos outros Orixás.

Sim. Ogum gera a ordem e é em si a potência divina.
Xangô gera o equilíbrio e é em si a razão divina.
Oxóssi gera o conhecimento e é em si a onisciência divina.
Oxalá gera a fraternidade e é em si a congregação divina.
Oxum gera o amor e é em si a concepção divina.
Iemanjá gera a criatividade e é em si a geração divina.

Mas só têm um aspecto, o que não acontece com Exu, pois se ele gera a vitalidade e é em si a fertilidade divina, no entanto, o seu duplo aspecto natural o torna temido porque pode desvitalizar e tornar estéril qualquer coisa ou ser que sofrer sua ação desvitalizadora.

Tanto é verdade que Exu é o gerador da vitalidade e, na África, ele é associado à fertilidade masculina e sua "ferramenta" é um pênis, demonstrando mais uma de suas funções ou atribuições divinas: auxiliar na multiplicação das espécies.

Até aqui, só corroboramos as lendas de Exu. Mas, assim como os outros Orixás, ele também gera sua hierarquia divina formada por Exus mistos, tais como:

– Exu do Fogo, associado a Xangô
– Exu da Terra, associado a Omolu
– Exu da Água, associado a Iemanjá
– Exu dos Minerais, associado a Oxum, etc.

Exu é unigênito e influencia toda a criação divina, pois é em si a própria vitalidade que a imanta, dotando-a da capacidade de autossustentar-se.

Como divindade, Exu gera sua hierarquia divina formada por Exus vitalizadores dos sentidos. E aí surgem, entre muitos, estes Exus mistos:

1º Exu misto – Exu vitalizador ou desvitalizador da fé ou de Oxalá.

2º Exu misto – Exu vitalizador ou desvitalizador da concepção ou de Oxum.

3º Exu misto – Exu vitalizador ou desvitalizador do raciocínio ou de Oxóssi.

4º Exu misto – Exu vitalizador ou desvitalizador da justiça ou de Xangô.

5º Exu misto – Exu vitalizador ou desvitalizador da Lei ou de Ogum.

6º Exu misto – Exu vitalizador ou desvitalizador da evolução ou de Obaluaiê.

7º Exu misto – Exu vitalizador ou desvitalizador da geração ou de Iemanjá.

Mas todos os Orixás têm Exus vitalizadores ou desvitalizadores dos seus mistérios, pois Exu é dual e tanto pode dar (vitalizar) como pode tirar (desvitalizar). É este seu duplo aspecto que o torna temido e evitado pelos outros Orixás, segundo as suas lendas, certo?

Até aqui, já temos:

- Deus gera em si suas divindades, e uma delas nós conhecemos como Exu.
- Exu, original, gera a vitalidade pura e gera suas hierarquias mistas, que podem vitalizar ou desvitalizar, pois também são duais.
- Estes Exus são doadores das suas qualidades mistas duais vitalizadoras-desvitalizadoras e surgem os seres naturais Exus que não encarnam, pois evoluem segundo meios próprios reservados a eles por Deus.
- Exu é uma divindade e, como tal, também atua religiosamente na vida dos espíritos e atrai tantos quantos se afinizarem com seu dualismo natural, fazendo surgir linhagens de seres naturais ou de espíritos que já encarnaram, que têm esta faculdade dual em outros fatores.
- Esses seres naturais, não encarnantes, e os espíritos (encarnantes), por serem duais, afinizam-se com a divindade pura Exu,

assentam-se nas hierarquias dos Exus mistos e tornam-se manifestadores das qualidades vitalizadoras-desvitalizadoras deles.

– Esses seres naturais e espíritos têm como seus regentes ancestrais os outros Orixás, mas, como desenvolveram o dualismo, então surgem as linhagens de Exus de Ogum, de Oxóssi, de Xangô, de Omolu, etc., todos manifestadores das qualidades duais da divindade Exu.

Como exemplo do que estamos afirmando, citamos um caso conhecido por nós, que é o de um Exu da meia-noite (Exu de Omolu):

1º Ele encarnou várias vezes e tem sua história humana, portanto é um espírito ou um "Egum" segundo os conceitos yorubanos.

2º Desenvolveu na carne e em seu mental o dualismo de Exu.

3º Passou por um processo de imantação pelo mistério Exu, isto é, exunizou.

4º Tornou-se um manifestador natural de uma das qualidades mistas de Exu e hoje é um Exu que trabalha na irradiação do Orixá Omolu e é regido por um dos sete Omolus mistos.

5º Este Omolu misto tem nos Exus da meia-noite (e que são muitos) os seus auxiliares à sua esquerda.

6º Estes Exus da meia-noite vão atraindo mais espíritos que desenvolveram o dualismo e os vão imantando no mistério Exu Misto que os rege e vão formando suas próprias falanges.

7º Os seres naturais Exu sempre serão o que são: Exus naturais. Já os espíritos que passaram pela imantação do mistério misto que os rege, se exunizaram e tornaram-se espíritos naturalizados Exus.

8º Esta condição ou grau não é definitiva, mas, sim, é um recurso para que estes espíritos retomem suas evoluções sob a irradiação do Mistério Exu, mas que, quando resgatam seus carmas ou os abrandam, têm a oportunidade de conquistar outros graus religiosos duais, tais como os graus "baiano", "boiadeiro", "marinheiro", etc. (por etc. entendam graus duais que ainda surgirão dentro da Umbanda).

Concluindo esta minha palestra, encerro-a com esta afirmação: "Exu, na religião de Umbanda, é um mistério regido pela divindade Exu e é um grau ou uma condição transitória, pois faculta aos espíritos evolutivamente paralisados que retomem suas evoluções sob o manto protetor desse mistério dual do nosso divino Criador, do qual pouco sabemos, mas que tem muita influência em nossa vida, pois vitaliza-a quando estamos agindo corretamente e desvitaliza-a quando estamos agindo erroneamente. Axé, Exu".

Os "Baianos" na Umbanda

Esta linha de espíritos já é indissociada dos trabalhos de Umbanda e é tão misteriosa como a linha dos ciganos, pois nos leva a crer que estes espíritos tenham sido cultuadores dos Orixás quando viveram no plano material.

Temos espíritos "baianos" trabalhando em todas as irradiações e uns se apresentam como baiano de Oxóssi, outros de Xangô, outras de Iansã, etc., demonstrando que atuam nas sete linhas ou estão espalhados por todas elas.

Pouco foi revelado sobre como surgem as correntes espirituais, mas podemos adiantar: Um espírito portador de um mistério vai arregimentando espíritos e vai "assentando-os" e dando-lhes a oportunidade de trabalhar sob seu comando ou liderança. E isto já comentamos em outros livros de nossa autoria.

Então surgem falanges, tais como a dos Caboclos Pena Branca, Pena Verde, Arranca-Toco, Arariboia; ou de Exus, tais como: Exu Caveira, Exu Tranca-Ruas, etc.; ou de Pretos-Velhos, tais como: Pai Joaquim, Pai João, Pai José, Mãe ou Vovó Maria Conga, etc.

O que podemos revelar é pouco e é só para que tenham uma ideia superficial sobre um dos mistérios espirituais.

No espiritismo, o espírito Bezerra de Menezes iniciou a "corrente médica do espaço" e hoje (2001) milhares de espíritos baixam nos centros espíritas dando consultas e orientações ou realizando operações espirituais.

Esta corrente médica do espaço é dirigida ou liderada pelo espírito Bezerra de Menezes e conta com milhares de espíritos que, na Terra, foram "médicos" e continuam com seus trabalhos curadores no mundo espiritual.

Com isto explicado, entendam que se um espírito missionário iniciou a corrente dos "baianos", é porque na Terra ele havia sido um babalOrixá baiano e continuou a sê-lo no plano espiritual.

Ele havia sido um baiano cultuador dos Orixás e continuou a sua missão em espírito, iniciando um dos mistérios da religião umbandista, pois só um mistério agrega sob sua égide e sua irradiação tantos espíritos, com muitos deles só plasmando uma vestimenta baiana e adotando um modo de comunicação peculiar e bem caracterizadora, da linha a que pertence.

São espíritos alegres, brincalhões, descontraídos e "chegados" a trabalhos de "desmanches", de kimbanda e de magia, que parecem dominar com facilidade e aos quais estão familiarizados.

São muito conselheiros, orientadores, aguerridos e chegados à macumba (dança ritual), durante a qual trabalham enquanto giram com seus passos próprios.

Apreciam as "festas" que lhes fazem, onde bebem batida de coco e comem comidas típicas da cozinha baiana.

Suas oferendas devem ser feitas próximas de pés de coqueiros ou nos pontos de forças dos Orixás que os regem.

Não temos Exu ou Pombagira baiano, mas temos alguns espíritos desta linha de trabalhos espirituais que se identificam como kimbandeiros, suprindo esta lacuna.

É uma linha de trânsito evolutivo para os "eguns" que já serviam os Orixás quando viveram no plano material.

Saravá, povo da Bahia!

A Linha dos Ciganos na Umbanda

Esta linha de trabalhos espirituais já é muito antiga dentro da Umbanda, no entanto poucos se deram ao trabalho de estudá-la e divulgá-la como mais uma das nossas linhas ou correntes espirituais.

É uma linha especial, pois tem seus rituais e fundamentos adaptados à Umbanda, já que eles remontam a um passado multimilenar e estão ligados ao próprio povo cigano, cuja origem parece ser do antigo Egito, segundo algumas informações; ou originários da Europa central, segundo outros; ou da Índia, segundo outros mais.

Mas a origem não é importante para o nosso estudo e sim o que estes espíritos realizam como corrente espiritual voltada para o plano material.

O "povo" cigano tem suas cerimônias próprias e tem seus rituais coletivos adaptados à Umbanda e suas sessões são muito apreciadas e muito concorridas, pois seus trabalhos estão voltados para as necessidades mais terrenas dos consulentes.

É uma linha espiritual em franca expansão e temos até linhas de esquerda "ciganas", tais como a do Senhor Exu Cigano e da Senhora Pombagira Cigana, muito procurados pelos consulentes quando se manifestam nas sessões de trabalhos espirituais.

Estes espíritos trabalham na irradiação dos Orixás, mas louvam Santa Sarah Kali, que é a padroeira deste povo, nômade por natureza e por instinto de sobrevivência.

Ainda que não esteja muito bem definido sob qual das sete irradiações atuam, nós os classificamos, por enquanto, como do "tempo", e os associamos às linhas espirituais regidas pelos Orixás temporais, tais como: Logunan, Iansã e Oxalá.

Mas o tempo os definirá, pois é uma corrente espiritual expressiva dentro da religião umbandista e é um mistério em si mesma.

As Pedras Mágicas do Ritual de Umbanda

O Ritual de Umbanda tem como fundamento, além dos sete símbolos sagrados, das sete cores e dos quatro elementos formadores do planeta, as sete pedras mágicas.

As sete pedras mágicas fundamentais existentes na esfera espiritual umbandista encontram correspondência ativa no plano material através das pedras fundamentais que as tendas de umbanda têm assentadas, que lhes dão apoio e sustentação mágica para os trabalhos nelas realizados pelos médiuns e pelos guias.

Cada uma das sete pedras corresponde a uma das linhas de força atuantes nas tendas, ou nos pontos de força onde são realizados trabalhos rituais, tais como as cachoeiras, as matas, o mar, etc.

Cada um dos Orixás, a partir de sua pedra mágica fundamental assentada naquela esfera espiritual, dá sustentação aos trabalhos realizados pelos guias espirituais dos médiuns de Umbanda.

Cada espírito que se inicia na Umbanda e se incorpora a uma das muitas falanges de trabalho, coloca sua mão direita na pedra correspondente ao seu Orixá ancestral, e ali, na memória da pedra mágica, grava seu ponto mágico cabalístico, que sustentará energeticamente todos os trabalhos por ele realizados, com o auxílio dos pontos riscados.

No centro do círculo formado pelas sete pedras está a grande pedra negra mágica, que dá sustentação aos trabalhos das linhas de esquerda (Linha de Exu).

Na memória desta pedra, o guia espiritual grava seu ponto mágico cabalístico negativo, que deverá riscar para trabalhos de descarga energética dos ambientes onde estiver trabalhando incorporado ao médium.

Por sua vez, este ponto cabalístico será sustentado por um dos sete guardiães das Trevas, que atuam no astral negativo.

Aqui cabe uma observação:

Não existem mais que sete linhas de força atuando na Luz ou nas Trevas. Cada uma delas, quando alcança um determinado número, pode multiplicar-se em outras sete, que, quando alcançarem o número limite, também em outras sete se multiplicarão, e assim sucessivamente, porque somente assim uma linha nunca predominará ou se imporá sobre as demais.

Por isso são conhecidos tantos nomes de entidades atuando no Ritual de Umbanda. São falanges e mais falanges com nomes de caboclos, caboclas, Pretos-Velhos, Exus, etc., muitas já bastante conhecidas, e outras nem tanto.

Todas encontram, ou nas sete pedras fundamentais ou na pedra negra, uma correspondência energética, magnética, vibratória e mágica ancestral que responde imediatamente quando ativada pela Magia Riscada, dando sustentação ao ponto riscado no plano terreno pelos guias incorporados ou pelos médiuns nos trabalhos espirituais. Estes, através dos seus Orixás, também estão em ligação energética, magnética, vibratória e mágica com os símbolos sagrados e as pedras mágicas fundamentais, que estão assentadas num plano espiritual e numa esfera totalmente reservada ao Ritual da Umbanda Sagrada.

Estas sete pedras encontram-se assentadas formando um círculo perfeito, com uma inclinação tal que cada uma reflete uma das sete cores e irradia um tipo de energia que atravessa o espaço astral até ser absorvida pelos assentamentos que estão baseados nos templos de Umbanda.

Também é dessas sete pedras fundamentais que as guias (colares) usadas pelos médiuns absorvem energias e se tornam portadoras de energias irradiantes que protegem tanto o médium quanto seu guia espiritual durante os trabalhos rituais de descarga e anulação de demanda.

As cores das sete pedras são: branca, azul, lilás (roxa), verde, amarela, marrom e vermelha, em perfeita correspondência com as cores observadas no "arco-íris sagrado de Umbanda". É a partir das sete cores que as linhas de caboclos adotam nomes por nós conhecidos, tais como: Caboclo Roxo, Caboclo Pena Verde, Caboclo Pedra Azul, Caboclo Cobra Coral, Caboclo Pena Branca, Caboclo Sete Penas, Caboclo Sete Pedras, etc. Outras optam por um dos símbolos sagrados, tais como: Caboclo Sete-Flechas, Caboclo Sete-Lanças, Caboclo Sete-Escudos, Caboclo Sete-Espadas, Caboclo Sete-Cruzes, etc. Ou então: Caboclo Flecheiro, Caboclo Cruzeiro, Caboclo das Matas, Caboclo da Campina, etc.

Cada linha traz um nome iniciático que encontra correspondência em um dos princípios sagrados da Umbanda, que usa de nomes comuns, mas que vibra a partir de um fundamento assentado num plano astral que aqui, pela primeira vez na história da Umbanda, está sendo revelado.

Neste plano estão assentados pelos sete Orixás maiores do Ritual da Umbanda Sagrada, suas irradiações energéticas, magnéticas, vibratórias, coloridas e ancestrais místicas. É a partir desses assentamentos que todos os trabalhos realizados pelos médiuns são sustentados, e neles tudo o que fazem fica registrado.

Tudo o que o médium, um guia de direita ou de esquerda fizer será gravado na memória indestrutível dos assentamentos sagrados do Ritual de Umbanda.

Também é neste plano especial que todo guia-chefe faz seu juramento de consagração total à causa comum da humanidade: a evolução em todos os sentidos, nos dois planos da vida, o espiritual e o material.

Neste plano comum a todas as linhas de força, todas as falanges têm assentado os seus fundamentos próprios ao lado dos fundamentos originais da Umbanda Sagrada, e se isso agora está sendo revelado, é porque é preciso que se saiba que existe um "céu" umbandista, assim como um "inferno" para punir os médiuns que porventura venham a trilhar na senda negativa. Da mesma forma existe um "inferno" cristão, um islâmico, um judeu, etc.

Outro esclarecimento importante: esferas são faixas vibratórias, magnéticas e energéticas apropriadas às vibrações dos espíritos. Já os planos são como "nações" onde "pessoas" afins habitam. Ou seja, esfera é faixa vibratória e plano é o local reservado aos espíritos que vibram dentro de determinada faixa.

Na Umbanda Sagrada, as pedras fundamentais dos médiuns são chamadas de Otás.

(Todos os nomes conhecidos dentro do Ritual de Umbanda aqui citados tiveram autorização expressa dos líderes de falanges que usam esses nomes para serem identificados, assim como, de uma forma ou de outra, reconhecem nos autores espirituais mensageiros qualificados, e no autor material um intérprete digno da Palavra. Ele também tem seus fundamentos assentados junto às sete pedras fundamentais, e lá os assentou muito tempo antes de ter reencarnado. Mais uma vez vale aqui, no plano material, dar sua contribuição como propagador da "mensagem", através da recepção dos ensinamentos umbandistas diluídos no meio das histórias que se dedica a escrever pacientemente sob a inspiração dos "seus" mensageiros.)

A Linha Espiritual dos Caboclos Boiadeiros

Os espíritos que se apresentam como "boiadeiros" quando incorporam nos seus médiuns durante os trabalhos espirituais de Umbanda Sagrada são mais um dos mistérios da nossa religião.

Muitos já escreveram sobre eles, sempre procurando esclarecer os médiuns sobre esta poderosa linha de trabalhos espirituais.

Para algumas correntes de pensamento umbandista esses espíritos já foram Exus e, numa transição dos seus graus evolutivos, hoje se manifestam como caboclos boiadeiros.

Esta interpretação deste mistério é a mais aceitável, pois muitos destes espíritos que hoje se manifestam nesta linha de trabalhos espirituais realmente já trabalharam sob a irradiação do mistério Exu, que os acolheu e direcionou, pois na Umbanda Sagrada "Exu" é mais um dos seus graus evolutivos.

Mas muitos destes caboclos boiadeiros nunca foram Exus e, sim, atuam nas linhas cósmicas dos sagrados Orixás e são regidos por Ogum e por Logunan e seus campos de ação são os caminhos (Ogum) e o tempo ou as campinas (Logunan).

Em verdade, são espíritos hiperativos que atuam como refreadores do baixo-astral e são aguerridos, demandadores e rigorosos quando tratam com espíritos trevosos.

O símbolo dos boiadeiros é o laço e o chicote que, em verdade, são suas armas espirituais e são verdadeiros mistérios, tal como são as espadas, as flechas e outras "armas" usadas pelos espíritos que atuam como refreadores das investidas das hostes sombrias formadas por espíritos do baixo-astral.

É uma linha poderosa e muito numerosa no mundo espiritual e seus caboclos atuam nas sete linhas de Umbanda.

Os Orixás que regem o mistério "boiadeiros" são Ogum e Logunan.

Eles são descritos como Caboclos da Lei que atuam no tempo ou Caboclos do Tempo que atuam na irradiação da lei. Sempre como aguerridos refreadores dos espíritos trevosos.

Jetuá, seu boiadeiro!

A Linha das Sereias

As "sereias" são espíritos que nunca encarnaram. Logo, são seres naturais!

As suas linhas de trabalhos são regidas por Iemanjá, Oxum e Nanã Buruquê.

- As sereias "verdadeiras" são seres naturais regidos por Iemanjá.
- As ondinas, ou antigas sereias, são mais velhas e são regidas por Nanã Buruquê.
- As encantadas elementais aquáticas são regidas por Oxum.

Estas três mães d'água regem o mistério "sereia" do Ritual de Umbanda Sagrada, ainda que todas incorporem com cantos de Iemanjá. Mas podem cantar cantos de Oxum e de Nanã durante suas manifestações que elas responderão, dançando suas danças rituais, mais rápidas nos cantos de Oxum e mais lentas nos cantos de Nanã.

Nós definimos as sereias como seres naturais ou espíritos da natureza, pois elas nunca encarnaram e têm um poder de limpeza, purificação e descarga de energias negativas superior a qualquer outra das linhas de trabalhos de Umbanda Sagrada.

Elas não falam, e só emitem um canto lamuriento mas que, em verdade, é a sonorização de um poderoso "mantra aquático", diluidor de energias, vibrações e formas-pensamento que se acumulam dentro dos centros de Umbanda ou nos campos vibratórios dos médiuns e dos assistentes.

Para oferendar às sereias, deve-se levar ao mar, aos lagos ou às cachoeiras rosas brancas; velas brancas, azuis, amarelas e lilases; champanhe, frutas em calda e licores.

É uma linha poderosa mas pouco solicitada para trabalhos junto à natureza.

São ótimas para anular magias negativas, afastar obsessores e espíritos desequilibrados ou vingativos.

Também são poderosas se solicitadas para limpeza de lares e para harmonização de casais ou famílias.

O mistério "sereias" do Ritual de Umbanda Sagrada precisa ser mais bem estudado, usado e compreendido pelos umbandistas.

Salve as sereias!

A Linha dos "Marinheiros"

A Umbanda tem nesta linha de espíritos do mar uma de suas linhas de trabalhos espirituais.

São espíritos alegres e cordiais que gostam de imitar os marujos nos tombadilhos dos navios em dias de tempestade.

Mas, na verdade são seus magnetismos aquáticos que lhe dão a impressão de que o solo está se movendo sob seus pés. Fato este que os obriga a se locomoverem constantemente para a frente e para trás, tal como fazem as sereias quando incorporam nas suas médiuns.

Os marinheiros são realmente espíritos de antigos piratas, marujos, guardas marinhos, pescadores e capitães do mar.

São regidos por Iemanjá e Oxalá, mas atuam também sob a irradiação de Iansã, Oxum e Obaluaiê, etc.

Trabalham dando a impressão de que estão "bêbados"... e gostam de tomar Rum enquanto dão consultas às pessoas. Mas devemos doutriná-los e servir-lhes só o mínimo necessário para regularem seus magnetismos e permanecerem "equilibrados" enquanto atendem as pessoas.

São ótimos para casos de doenças, para cortar demandas e para descarregar os locais de trabalhos espirituais.

Salve o povo d'água!

Para mais informações sobre a Madras Editora,
sua história no mercado editorial
e seu catálogo de títulos publicados:

Entre e cadastre-se no site:

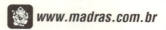 **www.madras.com.br**

Para mensagens, parcerias, sugestões e dúvidas, mande-nos um e-mail:

 **marketing@madras.com.br**

SAIBA MAIS

Saiba mais sobre nossos lançamentos,
autores e eventos seguindo-nos no facebook e twitter:

 **@madrased**

 **/madraseditora**